A BELEZA DA VIDA

A
BELEZA
DA
VIDA

J. KRISHNAMURTI
A BELEZA DA VIDA

O DIÁRIO DE **KRISHNAMURTI**

Tradução
Carlo Corabi

academia

Copyright © Krishnamurti Foundation Trust, Ltd., 2023
Publicado pela primeira vez no Reino Unido e nos Estados Unidos em 2023
pela Watkins, uma marca da Watkins Media Limited
Copyright © Editora Planeta do Brasil, 2025
Copyright da tradução © Carlo Corabi, 2025
Todos os direitos reservados.
Título original: *The Beauty of Life*

Preparação: Fernanda Guerriero Antunes
Revisão: Valquíria Matiolli e Ana Laura Valerio
Projeto gráfico e diagramação: Negrito Produção Editorial
Capa: Rafael Brum
Imagem de capa: Steve Cannon/iStock

Dados Internacionais de Catalogação na Publicação (CIP)
Angélica Ilacqua CRB-8/7057

Krishnamurti, J. (Jiddu), 1895-1986
 A beleza da vida / J. Krishnamurti ; tradução de Carlo Corabi. – São Paulo : Planeta do Brasil, 2025.
 240 p.

ISBN 978-85-422-3656-9
Título original: The Beauty of Life

1. Filosofia hindu 2. Vida espiritual 3. Reflexões I. Título II. Corabi, Carlo

25-1779   CDD 181.4

Índice para catálogo sistemático:
1. Filosofia hindu

MISTO
Papel | Apoiando o manejo florestal responsável
FSC® C112738

Ao escolher este livro, você está apoiando o manejo responsável das florestas do mundo

2025
Todos os direitos desta edição reservados à
Editora Planeta do Brasil Ltda.
Rua Bela Cintra, 986, 4º andar – Consolação
São Paulo-SP – CEP 01415-002
www.planetadelivros.com.br
faleconosco@editoraplaneta.com.br

INTRODUÇÃO
7

PREFÁCIO
9

BROCKWOOD PARK
11

ROMA
97

MALIBU
127

OJAI
143

MALIBU
155

GSTAAD
163

BROCKWOOD PARK
215

Introdução

Páginas acrescentadas ao diário de Krishnamurti

Em dezembro de 2007, 36 páginas de um manuscrito feito por Krishnamurti foram entregues ao arquivista em Ojai, Califórnia, por Mary Zimbalist. Quando Krishnamurti passou o material a ela primeiro, ele disse que era para o *Diário*.

As datas nessas páginas adicionais não estavam com a caligrafia de Krishnamurti, mas foram ali anotadas, provavelmente, por Mary, nos dias em que ele as entregou, em 1981. Elas consistiam em treze novos registros, publicados pela primeira vez nos Boletins da Fundação Krishnamurti da Inglaterra, nos volumes 56 a 61. Mary Lutyens, editora da primeira edição do *Diário*, os recebeu de Mary Zimbalist e os publicou nos Boletins porque a primeira edição do livro já havia sido impressa.

Esta nova edição, contendo o texto integral, inclui tais entradas adicionais, formando pela primeira vez uma versão completa de *O diário de Krishnamurti*.

Ray McCoy

Prefácio

Em setembro de 1973, Krishnamurti, de maneira imprevisível, começou a escrever um diário. Durante quase seis semanas, todos os dias, ele fez anotações em um caderno. Ao longo do primeiro mês desse período, Krishnamurti estava morando em Brockwood Park, Hampshire, e, no restante do tempo, encontrava-se em Roma. Ele finalizou o diário dezoito meses depois, quando estava na Califórnia.

Quase todos os registros começam com a descrição de um ambiente natural, com o qual tinha bastante familiaridade, embora em apenas três situações essas representações se refiram ao local onde de fato estava hospedado. Assim, a primeira página do primeiro relato descreve o bosque em Brockwood Park; na segunda página, porém, ele evidentemente se imagina na Suíça. Apenas quando esteve na Califórnia, em 1975, é que volta a narrar em detalhes o ambiente ao redor. No restante dos relatos, ele recorda os locais em que esteve, com uma clareza que evidencia quão vívidas eram as suas lembranças das paisagens naturais, que emergiam devido à acuidade e à intensidade de sua observação. Este diário também revela em qual medida sua abordagem foi inspirada, decorrente de sua estreita conexão com a natureza.

Durante todo o relato, Krishnamurti se refere a si mesmo na terceira pessoa como "ele" e, de início, nos revela algo sobre si que não houvera feito antes.

MARY LUTYENS

BROCKWOOD PARK

14 de setembro de 1973

Naquela noite, enquanto caminhávamos pelo campo, percorremos o bosque próximo ao casarão branco. Ao passar pela escada e entrar no bosque, de imediato, sentia-se uma grande sensação de paz e quietude. Nada se movia. Parecia um sacrilégio caminhar por ali, pisar naquele chão; falar era profano – e até mesmo respirar. As imensas sequoias restavam absolutamente em quietude. Os nativos americanos as chamam de seres silenciosos, e de fato agora permaneciam em silêncio. Nem o cachorro perseguia os coelhos. Você, imóvel e mal arriscando respirar, sentia-se um intruso; até então, estava tagarelando e rindo, mas, ao adentrar aquele bosque sem saber o que o aguardava, teve uma surpresa e um impacto – o impacto de uma bênção inesperada. O coração batia mais devagar, sem palavras diante daquela maravilha. Ali, encontrava-se o centro de todo esse lugar. Desde então, cada vez que você entra ali, ocorrem aquela beleza, aquela quietude, um estranho silêncio. Seja qual for o tempo que vier, ele estará ali: rico, pleno e inominável.

Qualquer forma de meditação consciente não é a coisa real; nunca poderá ser. A tentativa deliberada de meditar não é meditação. Ela deve acontecer por si mesma; não pode ser provocada. Meditação não é um entretenimento da mente ou um jogo de desejo e prazer. Toda tentativa de meditar é sua negação. Esteja cônscio daquilo que está pensando e fazendo, e nada mais. O ver e o escutar já são o próprio fazer, sem qualquer recompensa e punição. A virtude no fazer reside na qualidade do ver e do ouvir. Toda forma de meditação leva inevitavelmente ao engano, à ilusão, pois o desejo impede a visão.

Era uma noite adorável e a luz suave da primavera cobria a terra.

15 de setembro de 1973

É bom estar sozinho. Estar longe do mundo e ainda assim andar por suas ruas é estar só. Estar sozinho, caminhando por uma trilha na montanha, ao lado do riacho ruidoso e agitado, caudaloso, formado pela água da nascente e da neve derretida, é ter a percepção daquela árvore solitária, única em sua beleza. A solidão do homem que anda pelas ruas é a dor da vida; ele nunca está em solitude, apartado, não afetado e vulnerável. Estar repleto de conhecimento é nunca estar em solitude, e a atividade desse conhecimento é geradora de uma dor sem fim. É a expressão que se manifesta, com suas frustrações e dores, naquele homem que caminha pelas ruas; ele jamais se encontra em solitude. A tristeza é o movimento daquela solidão.

Aquele rio nas montanhas estava cheio e volumoso com o derretimento das neves e as chuvas do início da primavera. Era possível ouvir grandes pedras sendo empurradas pela força do avanço das águas. Um pinheiro alto, de 50 anos ou mais, havia tombado na água; a estrada era lavada pelas águas. O rio estava lamacento, com uma coloração de ardósia. Os campos acima se encontravam cheios de flores silvestres. O ar era puro e cheio de encantamento. Nas altas colinas ainda havia neve, e as geleiras e os grandes picos retinham as neves recentes; eles ainda seriam brancos durante todo o verão.

Era uma manhã maravilhosa e poderia se ter caminhado indefinidamente sem nunca sentir as trilhas íngremes da montanha. Existia um perfume no ar, claro e forte. Não havia ninguém naquele caminho descendo ou subindo; permanecia-se sozinho com aqueles pinheiros escuros e as águas correntes. O céu era daquele azul surpreendente que só as montanhas apresentam. Olhava-se através das folhas e dos pinheiros retos. Não havia ninguém com quem conversar, nem aquela tagarelice mental. Uma ave, branca e preta, passou voando e desapareceu na floresta. O caminho se afastava do riacho barulhento e o silêncio era absoluto. Não era o silêncio que se segue ao barulho; não era um silêncio que vem com o pôr do sol, nem aquele silêncio quando a mente morre. Não era aquele silêncio dos museus e das igrejas, mas algo totalmente alheio ao tempo e ao espaço. Não era o silêncio da mente para si mesma. O sol estava quente e as sombras eram agradáveis.

Apenas em seguida se percebeu não haver um único pensamento durante essas longas caminhadas, nas ruas movimentadas ou nos caminhos solitários. Desde menino foi assim: nenhum pensamento lhe passava pela cabeça. Ele observava e escutava, e nada mais. O pensamento, com suas associações, nunca surgiu; não se criavam imagens. Um dia de repente percebeu como aquilo era algo extraordinário; com frequência, tentava pensar, mas nenhum pensamento surgia. Nessas caminhadas, acompanhado ou não, ausentava-se qualquer movimento do pensamento. Isso é estar em solitude.

Sobre os picos nevados formavam-se nuvens, pesadas e escuras; provavelmente choveria mais tarde, mas nesse instante as sombras estavam muito nítidas; e o sol, claro e brilhante. Havia ainda aquele aroma agradável no ar, e as chuvas trariam um perfume diferente. Seria um longo caminho até o chalé.

16 de setembro de 1973

Naquela hora da manhã, as ruas da pequena aldeia estavam vazias, porém, além delas, o campo se encontrava repleto de árvores, prados e brisas sussurrantes. A rua principal estava iluminada e todo o resto permanecia na escuridão. O sol emergiria em cerca de três horas. Era uma manhã clara, ainda com as luzes das estrelas. Os picos nevados e as geleiras ainda estavam na escuridão e quase todos dormiam. As estradas estreitas da montanha tinham tantas curvas que não se poderia ir muito rápido; o carro era novo e estava sendo amaciado. Era um veículo bonito, potente e com linhas perfeitas. Com aquela brisa matinal, o motor funcionava com mais eficiência. Na autoestrada, era uma coisa linda de ver, como subia e contornava cada esquina, firme como uma rocha. O amanhecer estava ali, o formato das árvores e a extensa linha de colinas e vinhedos; seria uma manhã adorável; estava frio e agradável por entre as colinas. O sol já nascera e havia orvalho sobre as folhas e nos prados.

Ele sempre gostou de máquinas; desmontava o motor de um carro e, quando voltava a funcionar, ficava tão bom como se fosse novo. Quando você está dirigindo, a meditação parece ocorrer naturalmente. Você tem consciência do campo, das casas, dos agricultores no campo, da marca do carro que passa e do céu azul por entre as folhas. Você nem mesmo percebe que a meditação está acontecendo; meditação essa que começou há muito tempo, e permaneceria indefinidamente. O tempo não é um fator na meditação, nem a palavra, que é o meditador. Não existe um meditador na meditação. Se houver, não é meditação. O meditador é a palavra, o pensamento e o tempo, por isso está sujeito a mudanças, a surgir e a desaparecer. Não é uma flor que floresce e morre. O tempo é movimento. Quando se está sentado na margem de um rio, você observa as águas, a correnteza e as coisas que flutuam. Quando você está na água, não há um observador. A beleza não está numa mera expressão; ela está no abandono da palavra e da expressão, da tela e do livro.

Como as colinas, os prados e essas árvores encontram-se em paz: tudo sendo banhado pela luz de uma manhã em movimento. Dois homens discutiam em voz alta, gesticulando bastante, com rostos bem vermelhos. A estrada continuava por uma longa avenida arborizada enquanto a ternura do amanhecer ia desaparecendo. O mar se estendia diante de você, e o perfume dos eucaliptos pairava no ar.

Ele era um homem baixo, magro e musculoso; veio de um país distante, e sua pele era bronzeada pelo sol. Depois de algumas palavras de saudação, ele começou a reclamar. Como é fácil criticar quando não se conhecem os fatos. Ele disse: "Você pode ser livre e viver tudo o que está falando, estou certo disso. Mas, fisicamente, você está numa prisão, protegido por seus amigos. Você não sabe o que está acontecendo ao seu redor. As pessoas assumiram sua autoridade, embora você mesmo não seja autoritário".

Não tenho certeza se você está correto nesse assunto. Para administrar uma escola ou algo parecido, deve haver certa responsabilidade, e ela pode existir sem que isso implique um autoritarismo. A autoridade é prejudicial à cooperação, ao diálogo conjunto. Isso é o que está sendo feito em todo o trabalho que estamos desenvolvendo. Esse é um fato real. Se me permite salientar, ninguém se coloca entre mim e o outro.

"O que você está dizendo é de extrema importância. Tudo o que você fala e escreve deveria ser impresso e divulgado pelas pessoas sérias e dedicadas desses pequenos grupos. O mundo está explodindo, e isso passa despercebido por você."

Receio, mais uma vez, que você não esteja cônscio do que esteja acontecendo. Certa vez, um pequeno grupo assumiu a responsabilidade de divulgar o que estava sendo dito, e eles próprios publicaram os discursos. Agora, novamente, um pequeno grupo assumiu a mesma responsabilidade. E, mais uma vez, é preciso que se ressalte, você não está percebendo o que está acontecendo.

Ele fez várias outras críticas, mas todas elas se baseavam em suposições e opiniões passageiras. Sem assumir uma postura defensiva, apontamos para o que estava acontecendo. Mas...

Como os seres humanos são estranhos.

As colinas iam desaparecendo e os ruídos da vida cotidiana nos circundavam, o ir e vir, o prazer e a tristeza. Uma árvore solitária sobre um outeiro traduzia a beleza daquela paisagem. E ao fundo do vale havia um riacho; ao lado, seguia uma ferrovia. É preciso abandonar o mundo para ver a beleza daquele fluir.

17 de setembro de 1973

Naquela tarde, caminhando pela floresta, havia uma sensação de ameaça. O sol estava acabando de se pôr e as palmeiras mostravam-se solitárias, contrastando com o dourado daquele céu do oeste. Na figueira-de-bengala, os macacos se preparavam para a noite. Dificilmente alguém utilizava aquele caminho, e você quase nunca encontrava outro ser humano ali. Havia muitos cervos tímidos e que desapareciam na densa folhagem. No entanto, a ameaça estava ali, pesada e penetrante: ela estava por toda a sua volta, era possível enxergá-la por sobre o ombro. Não havia animais perigosos; eles tinham se mudado dali; era muito perto do vilarejo que vinha se expandindo. Sentia-se uma alegria em sair e caminhar de volta pelas ruas iluminadas. Na noite seguinte, porém, os macacos ainda estavam lá, como também os cervos e o sol, que se encontrava logo atrás das árvores mais altas. A ameaça desaparecera. Agora, pelo contrário, as árvores, os arbustos e as pequenas plantas lhe ofereciam as boas-vindas. Você estava entre amigos; e sentia-se completamente seguro e muito bem-vindo. O bosque o aceitava, e todas as noites era um prazer caminhar por ali.

As florestas são diferentes. Há um perigo físico ali não apenas por causa das cobras, mas também pelos tigres, que eram conhecidos por lá frequentarem. Certa vez, alguém caminhava por lá numa tarde, e de repente houve um silêncio anormal; os pássaros pararam de tagarelar, os macacos ficaram quietos e tudo pareceu estar prendendo a respiração. Você permaneceu imóvel. Em seguida, repentinamente, tudo ganhou vida; os macacos voltaram a brincar e a provocar uns aos outros, os pássaros retomaram sua algazarra vespertina e era possível perceber que o perigo tinha passado.

Nas florestas ou nos bosques, onde o homem mata coelhos, faisões e esquilos, existe uma atmosfera muito diferente. Adentra-se um mundo em que o homem esteve com sua arma e sua típica violência. E então a floresta perde a sua ternura, seu senso de boas-vindas, algo de sua beleza se esvai, e aquele sussurro se perde.

Você só tem uma cabeça, cuide dela, pois é uma coisa maravilhosa. Nenhuma máquina nem nenhum computador pode se comparar a ela. É tão vasta e complexa, tão incrivelmente capaz, sutil e produtiva. Ela é o repositório do conhecimento, das experiências e da memória; todo pensamento brota a partir dela. O que foi reunido ali é algo impressionante: travessuras, confusões, tristezas, guerras, corrupção, ilusões, ideais, dores e sofrimento, as magníficas catedrais, as belas mesquitas e os templos sagrados. É fantástico aquilo que a cabeça humana tem feito e o que ainda pode fazer. Contudo, há uma coisa que, aparentemente, ela não pode fazer: mudar, de maneira radical, seu comportamento no seu relacionamento com outra cabeça, com outra pessoa. Nem mesmo a punição ou a recompensa parecem mudar seu comportamento; o conhecimento parece não ser capaz de transformar sua conduta. O *eu* e o *você* permanecem. Ela nunca percebe que o *eu* é o *você*, que o observador é a coisa observada. Seu amor é sua degeneração; seu prazer é sua agonia; os deuses de seus ideais são seus destruidores. A sua liberdade é a própria prisão, e ela é educada para viver nessa prisão, preocupando-se apenas em torná-la mais confortável, mais prazerosa. Você só tem uma cabeça: cuide dela, não a destrua. É tão fácil envenená-la.

Ele sempre teve essa estranha falta de distanciamento entre ele mesmo e as árvores, os rios e as montanhas. Isso não era algo cultivado; não se pode cultivar uma coisa dessas. Nunca houve uma separação entre ele e o outro. O que fizeram a ele, o que disseram a ele, nunca pareceu feri-lo; nem mesmo a bajulação o afetava. De algum modo, nada o tocava. Ele não era retraído ou indiferente, mas como as águas de um rio que flui. Ele tinha tão poucos pensamentos; e nenhum pensamento quando se encontrava sozinho. Seu cérebro ficava ativo ao falar ou escrever; caso contrário, permanecia quieto e ativo, sem movimento. Movimento é tempo, e atividade não é.

Essa estranha atividade, sem direcionamento, parecia continuar o tempo todo, quer no sono, quer na vigília. Com frequência, ele desperta com essa atividade da meditação; algo dessa natureza está acontecendo na maior parte do tempo. Ele nunca a rejeita ou a convida. Certa noite, ele acordou e ficou completamente desperto. Ele se deu conta de que algo como uma bola de fogo, de luz, estava sendo colocado em sua cabeça, bem no centro dela. Ele observou isso com rigor por um tempo considerável, como se aquilo estivesse acontecendo a outra pessoa. Não era uma ilusão, algo evocado pela mente.

O amanhecer estava se aproximando, e pela abertura nas cortinas ele podia ver as árvores.

18 de setembro de 1973

Ainda é um dos vales mais lindos. É rodeado por colinas e repleto de laranjais. Muitos anos atrás, havia pouquíssimas casas entre as árvores e pomares, mas agora existe muito mais; as estradas são mais largas, há mais tráfego e mais barulho, especialmente na extremidade oeste do vale. No entanto, as colinas e os picos altos permanecem os mesmos, intocados pelo homem. Há muitas trilhas que levam às partes altas das montanhas, e infindáveis caminhadas eram ali realizadas. Ursos, cascavéis, cervos e até mesmo um lince foram encontrados pelo caminho. O lince estava à frente, descendo a trilha estreita, ronronando e esfregando-se contra as pedras e os troncos curtos das árvores. A brisa desviava-se pelo cânion e então era possível chegar bem perto dele. Ele realmente se divertia e se deleitava em seu mundo. Sua cauda curta estava levantada, suas orelhas pontudas para a frente, seu pelo ruivo brilhante e limpo. Ele não tinha a mínima consciência de que alguém estava logo atrás dele, cerca de seis metros de distância. Descemos a trilha por cerca de 1.600 metros, nenhum de nós fazendo o menor som. Era mesmo um animal lindo, alegre e gracioso. Havia um riacho estreito à nossa frente e, não querendo assustá-lo quando chegássemos, alguém sussurrou uma saudação gentil. Ele nem sequer olhou para trás, o que teria sido um desperdício de tempo. Apenas saiu disparado, desaparecendo completamente em questão de segundos. Muito embora nós fôssemos amigos por um tempo considerável.

O vale está impregnado com o aroma da flor de laranjeira, quase insuportável, sobretudo nas primeiras horas da manhã e à noite. O perfume estava no quarto, no vale e em todos os cantos da terra, e a divindade das flores abençoava todo o vale. O verão seria muito quente, e isso tinha a própria peculiaridade. Havia muitos anos, quando se visitava o local, existia uma atmosfera maravilhosa; ela ainda permanece lá, mas em menor grau. Os seres humanos estão danificando essa atmosfera, do mesmo modo como estragam a maioria das coisas. Mas voltará a ser como antes. Uma flor pode murchar e morrer, porém retornará com sua beleza.

Você já se perguntou por que os seres humanos cometem erros, tornam-se corruptos, imorais em seu comportamento – violentos, furiosos e ardilosos? Não adianta culpar o ambiente, a cultura ou os pais. Queremos colocar a responsabilidade por essa degeneração nos outros ou em algum acontecimento. Explicações e causas são uma saída fácil. Os antigos hindus chamavam isso de carma, você colhe o que você planta. Os psicólogos colocam o problema no colo dos pais. Já o que as pessoas chamadas religiosas dizem baseia-se em seus dogmas e crenças. No entanto, a questão permanece em aberto.

Por sua vez, há os que nascem generosos, amáveis, responsáveis. Eles não são afetados pelo ambiente ou por nenhum tipo de pressão. Permanecem os mesmos apesar de toda insistência por não o ser. Por quê?

Qualquer explicação tem pouca importância. Todas as explicações são fugas, evitando a realidade daquilo *que é*. Isso é a única coisa que importa. O *que é* pode ser completamente transformado com a energia desperdiçada em explicações e na busca por causas. O amor não se encontra no tempo nem por meio de análises, não está no arrependimento nem em recriminações. O amor presencia-se quando o eu enganoso e astuto e o desejo por dinheiro e posição não estão presentes.

19 de setembro de 1973

O período das monções havia iniciado. O mar estava quase negro, sob as nuvens escuras e pesadas, e o vento estava dilacerando as árvores. Choveria por alguns dias, chuvas torrenciais, com uma pausa de um ou dois dias, para recomeçar. Sapos coaxavam em todos os lagos e o cheiro agradável que as chuvas traziam preenchia o ar. A terra mais uma vez estava limpa, e em poucos dias ela havia se tornado surpreendentemente verde. As plantas cresciam a olhos vistos; o sol chegava, e todas as coisas da terra brilhavam. De manhã cedo, haveria cânticos e pequenos esquilos estariam por todos os lugares. Encontravam-se flores por toda parte, selvagens e cultivadas, o jasmim, a rosa e a magnólia.

Certo dia, na estrada que leva até o mar, enquanto se caminhava sob as palmeiras e as árvores com chuva pesada, olhando para milhares de coisas, um grupo de crianças estava cantando. Elas pareciam tão felizes, inocentes e totalmente alheias ao mundo. Uma delas nos reconheceu, veio sorrindo, e andamos de mãos dadas por algum tempo. Nenhum de nós disse uma palavra, e quando chegamos perto de sua casa ela nos saudou e desapareceu lá dentro. O mundo e a família vão destruí-la, e ela também terá filhos, chorará por eles – e, por intermédio das espertezas do mundo, eles serão destruídos. Mas, naquele fim de tarde, ela estava feliz e, segurando sua mão, ávida por compartilhar esse momento.

Quando as chuvas passaram, voltando pela mesma estrada durante o entardecer, enquanto o céu do Ocidente achava-se dourado, passamos por um jovem carregando uma chama numa panela de barro. Ele estava nu, exceto por sua tanga limpa, e atrás dele dois homens carregavam o corpo de um morto. Todos eram brâmanes, recém-banhados, limpos, mantinham-se eretos, caminhando bem rápido. O jovem carregando a pira devia ser o filho do morto. O corpo seria cremado em algum local isolado naquelas areias. Era tudo tão simples, bem diferente do sofisticado carro funerário, carregado de flores, e seguido por uma longa fila de carros polidos ou de pessoas enlutadas andando atrás do caixão: tudo envolto numa profunda tristeza. Ou você poderia ver um corpo morto, coberto de modo decente, sendo carregado na garupa de uma bicicleta até o rio sagrado para ser queimado.

A morte está em toda parte, e parece que nunca sabemos como viver com ela. É algo obscuro e assustador a ser evitado, nunca se deve falar a respeito. Mantenha-a longe com a porta fechada. Mas ela estará sempre ali. A beleza do amor é a morte, e não se conhece nenhuma das duas. Morte é dor e amor é prazer, e os dois nunca se tocam; devem ser mantidos separados. E essa própria divisão é a dor e a agonia. Isso tem sido assim desde o início dos tempos, a divisão e o infindável conflito. Sempre existirá a morte para aqueles que não percebem que o observador é a coisa observada; o experimentador é o experimentado. É como um vasto rio no qual o homem é pego, com todos os seus bens mundanos, suas vaidades, dores e conhecimento. A menos que ele deixe todas as coisas que acumulou no rio e nade até a praia, a morte estará sempre à sua porta, esperando e observando. Quando ele deixa o rio, não há mais praia; a margem é a palavra, o observador. Ele abandonou tudo, o rio e a margem. Pois o rio é o tempo e as margens são os pensamentos no tempo; o rio é o movimento do tempo, e o pensamento encontra-se no tempo. Quando o observador deixa tudo o que ele é, então ele deixa de existir. Isso não é a morte. Isso é o atemporal. Você não pode conhecê-lo, pois o que é conhecido pertence ao tempo; você não tem como experimentá-lo: o reconhecimento é produzido pelo tempo. Libertação do conhecido é libertação do tempo. Imortalidade não é a palavra, o livro, ou a imagem que você construiu. A alma – o *eu*, o *atman* – é filha do pensamento o qual é tempo. Quando o tempo não existe, então a morte também não existe. O amor é o que é.

    O céu do poente havia perdido sua cor e logo acima do horizonte lá estava a lua nova, jovem, tímida e terna. Na estrada, tudo parecia estar se sucedendo: o casamento, a morte, o riso das crianças e alguém soluçando. Ao lado da lua nova, acha-se uma única estrela.

20 de setembro de 1973

O rio estava particularmente belo esta manhã; o sol começava a surgir sobre as árvores e a vila que se escondia entre elas. O vento não soprava e havia qualquer movimento sobre a água. O dia seria bem quente, mas ainda estava bem fresco, e um macaco solitário banhava-se no sol. Grande e pesado, ele sempre estava ali consigo mesmo. Durante o dia ele desaparecia, mas retornava pela manhã, logo cedo, no topo do tamarindeiro; quando esquentava, a árvore parecia engoli-lo. Os papa-moscas verde-dourados assentavam-se no parapeito junto às pombas, e os abutres empoleiravam-se nos galhos superiores de outro tamarindeiro. Havia um imenso silêncio, e, ao sentar-se num banco que ali se encontrava, permanecia-se alheio ao mundo.

Voltando do aeroporto, por uma estrada sombreada e cercada de papagaios, verdes e vermelhos, gritando ao redor das árvores, via-se do outro lado da estrada o que parecia ser uma grande trouxa. Quando o carro se aproximou, aquele volume revelou ser um homem deitado do outro lado da estrada, quase nu. O carro parou e saímos. Seu corpo era grande e sua cabeça, muito pequena; ele olhava através das folhas para o céu surpreendentemente azul. Nós olhamos para cima também para ver o que ele observava e via-se que o céu sobre a estrada estava azul e as folhas, intensamente verdes. Ele tinha uma deficiência, e nos disseram que era considerado um dos idiotas do vilarejo. Ele permaneceu imóvel, e o carro precisou ser conduzido ao redor dele com muito cuidado. Os camelos com sua carga e as crianças gritando transitavam por ele sem prestar a menor atenção. Um cachorro passou, contornando-o a distância. Os papagaios estavam ocupados com o barulho que faziam. Os aldeões, os campos secos, as árvores, as flores amarelas, tudo estava voltado à própria existência. Aquela parte do mundo era subdesenvolvida, e não havia ninguém ou organizações para cuidar dessas pessoas. Havia esgotos a céu aberto, sujeira e aglomerações humanas, enquanto o rio sagrado seguia seu caminho. A tristeza da vida estava por toda parte e no céu azul, bem nas alturas, voavam abutres com suas asas pesadas, pairando imóveis em círculos, circulando por horas, esperando e observando.

O que é sanidade? E insanidade? Quem é lúcido e quem é louco? Os políticos seriam lúcidos? E os religiosos, seriam insanos? Aqueles que estão comprometidos com ideologias são indivíduos sãos? Somos controlados, moldados e conduzidos por pessoas assim, e será que somos lúcidos, sadios?

O que é sanidade? Ser inteiro, não ser fragmentado na ação, na vida ou em qualquer tipo de relacionamento – essa é a própria essência do estado de saúde. Sanidade significa ser íntegro, saudável e sacralizado. Ser louco, neurótico, psicótico, desequilibrado, esquizofrênico, qualquer que seja o nome que você dê a isso, é ser fragmentado, incompleto na ação e no movimento das relações, que é a própria existência. Criar antagonismo e divisão, que é o trabalho dos políticos que o representam, é cultivar e sustentar a insanidade – sejam eles ditadores, sejam aqueles que se colocam no poder em nome da paz ou de algum tipo de ideologia. E o sacerdote! Vejamos o mundo do sacerdócio. Ele se interpõe a você e o que ambos consideram sendo a verdade, o Salvador, Deus, o céu, o inferno. Ele é o intérprete, o representante; é ele quem detém as chaves do céu; quem condicionou o homem por meio da crença, do dogma e do ritual; ele é o verdadeiro propagandista. Ele o condiciona porque você quer o conforto, a segurança, e o amanhã o atemoriza. Os artistas e os intelectuais – eles são indivíduos sadios? Ou será que vivem em dois mundos diferentes – o mundo das ideias e da imaginação com suas expressões compulsivas, totalmente alienados da sua vida diária de prazer e dor?

O mundo ao seu redor é fragmentado assim como você, e a expressão disso é o conflito, a confusão e a miséria. Você é o mundo e o mundo é você. Sanidade é viver uma vida de ação que não gera conflito. Ação e ideia são coisas contraditórias. O ato de ver por si já é o próprio fazer, e não a ideação em primeiro e uma ação subsequente, de acordo com sua conclusão, o que gera o conflito. O próprio analisador é o analisado. Quando o analisador se separa como algo diferente do analisado, ele então gera conflito, e conflito é a área do desequilibrado. O observador é o próprio observado e aí residem a sanidade, a completude, e nessa sacralidade está o amor.

21 de setembro de 1973

É muito bom acordar sem um único pensamento, sem os problemas criados por ele. A mente, portanto, está descansada; ela gerou ordem dentro de si mesma, e é por isso que o sono é tão importante. A mente também pode criar ordem durante as relações e ações ao longo das horas de vigília, o que produz um absoluto repouso durante o sono, ou então, durante o sono, ela tentará organizar seus assuntos diários segundo o que proporcione a própria satisfação. Ao longo do dia, haverá mais desordem provocada por inúmeros fatores, e durante as horas de sono a mente tentará se livrar dessa confusão. A mente e o cérebro só podem funcionar de modo eficiente e objetivo onde há ordem. Conflito, seja qual for sua natureza, é desordem. Considere o que a mente experimenta todos os dias de sua vida: a tentativa de criar ordem durante o sono e a desordem que ocorre nas horas de vigília. Esse é o conflito da vida, dia após dia. O cérebro só pode funcionar quando há segurança, não no estado de contradição e confusão. E, assim, ele tenta encontrar essa segurança em alguma forma neurótica, mas isso só faz piorar ainda mais o conflito. Ordem é a transformação de toda essa confusão. A ordem é completa quando o observador é o próprio observado.

Na pequena viela que contorna a casa, sombreada e silenciosa, uma garotinha chorava com intensidade, como só as crianças conseguem fazer. Ela devia ter 5 ou 6 anos, mas era miúda para sua idade. Sentada no chão, as lágrimas escorriam pelo seu rosto, e mal conseguia respirar com seus soluços. Ele sentou-se perto dela e perguntou o que havia acontecido, mas ela não conseguia falar; o soluço tomava todo o seu fôlego. Ela devia ter apanhado, ou teve seu brinquedo favorito quebrado, ou então algo que ela desejava muito lhe houvesse sido negado de um modo ríspido. A mãe apareceu, sacudiu a criança e a levou para dentro. Ela mal olhou para ele, pois eram estranhos. Poucos dias depois, andando pela mesma rua estreita, a criança saiu de sua casa, cheia de sorrisos, e o acompanhou por uma curta distância. A mãe deve ter dado permissão para ela caminhar com um estranho. Com frequência, ele cruzava aquela viela sombreada, e a menina com seu irmão e irmã saíam para cumprimentá-lo. Será que algum dia esquecerão suas mágoas e feridas, ou gradualmente irão construindo para si fugas e resistências? Manter essas mágoas parece ser da natureza dos seres humanos, e a partir disso suas ações ficam distorcidas.

Será que a mente humana pode nunca ser ferida, machucada? Não ser ferido é ser inocente. Se você não for ferido, é natural que não machuque ninguém. Será que isso é possível? A cultura em que vivemos fere a mente e o coração em demasia. O barulho e a poluição, a agressão e a competição, a violência e a educação – tudo isso e muito mais contribuem para esse estado de dor. Contudo, temos de viver nesse mundo de brutalidade e resistência: nós somos o mundo e o mundo somos nós. O que é essa coisa que provoca dor? A imagem que cada um construiu sobre si mesmo, e é isso o que se fere. É estranho, mas essas imagens em todo o mundo são as mesmas, apenas com pequenas modificações. Essencialmente, a imagem que você tem é a mesma de outra pessoa situada a milhares de quilômetros de distância. Portanto, você é aquele homem ou aquela mulher. Suas dores são as mesmas dores de milhares; você é o outro.

Seria possível nunca ser ferido? Onde existe uma mágoa, não há amor. Onde existe mágoa ou ferida, o amor é prazer. Quando você descobre isso por si mesmo, a beleza de nunca poder ser ferido, só então todas aquelas dores do passado desaparecem. Na plenitude do presente, o passado perde todo o seu peso.

Ele nunca se sentiu ferido, embora muitas coisas houvessem acontecido a ele, elogios e insultos, ameaças e proteções. Não se tratava de ele ser insensível, desligado; de fato, ele não dispunha de nenhuma imagem de si mesmo, nenhuma conclusão, nenhuma ideologia. Imagem é resistência – e, quando isso não ocorre, existe vulnerabilidade, mas não há dor. Não se pode procurar a condição de ser vulnerável, altamente sensível, pois aquilo que é buscado e encontrado é apenas outra forma da mesma imagem. Compreenda esse movimento por inteiro, não apenas de modo verbal, mas tenha uma percepção total a partir dele. Esteja cônscio de toda a sua estrutura, sem qualquer reserva mental. Perceber a verdade disso é o fim daquele que constrói as imagens.

O lago transbordava, e havia milhares de reflexos em sua superfície. Escureceu, e surgiam as luzes do firmamento.

22 de setembro de 1973

Uma mulher cantava na porta ao lado; sua voz era maravilhosa, e os poucos que a ouviam estavam extasiados. O sol estava se pondo entre as mangueiras e palmeiras, com tons fortes de verde e dourado. Ela cantava músicas devocionais, e a voz ia ficando mais doce e intensa. O escutar é uma arte. Quando você escuta uma música clássica ocidental ou a essa mulher, sentada ao chão, pode entrar num estado romântico, ou virem à lembrança coisas passadas, ou mesmo pensamentos com suas associações que seguem alterando rapidamente seu humor ou ainda elaborações sobre o futuro. Ou, então, você escuta sem qualquer movimento do pensamento. Você ouve em absoluta quietude, num pleno silêncio.

Ouvir o próprio pensamento ou o melro em um galho, ou mesmo o que está sendo dito, sem a reação do pensamento, traz consigo um significado completamente diferente daquele que o movimento do pensamento produz. Esta é a arte de ouvir, o ato de ouvir com total atenção: não existe um centro que esteja ouvindo.

O silêncio das montanhas tem uma profundidade que os vales não possuem. Cada um tem o próprio silêncio; o silêncio entre nuvens é muito diferente daquele que ocorre por entre as árvores; o silêncio entre dois pensamentos é atemporal, enquanto o silêncio do prazer e do medo é tangível. O silêncio artificial que o pensamento é capaz de gerar é a morte; o silêncio entre ruídos é a ausência de ruído, mas também não é silêncio, assim como a ausência de guerra não é paz. O silêncio sombrio de uma catedral ou de um templo é ancestral e belo, algo especialmente construído pelo homem; há também o silêncio do passado e do futuro, o silêncio do museu e do cemitério. Mas tudo isso não é silêncio de fato.

O homem estava sentado ali, imóvel, às margens de um belo rio; ele ficara ali por mais de uma hora. Vinha até aquele local todas as manhãs, após se banhar cantava em sânscrito por algum tempo e logo se perdia em seus pensamentos. Parece não se importar com o sol, pelo menos com o sol da manhã. Um dia veio fazer uma visita e começou a falar sobre meditação. Ele não pertencia a nenhuma escola de meditação; ele as considerava inúteis, sem grande significado. Encontrava-se sozinho, solteiro, e havia abandonado os hábitos do mundo fazia muito tempo. Ele tinha controlado seus desejos, moldado seus pensamentos e passou a viver uma vida solitária. Não era amargo, vaidoso ou indiferente; esquecera tudo isso desde alguns anos atrás. Meditação e realidade eram sua vida.

Enquanto ele falava e tateava em busca das palavras certas, o sol ia se pondo, e um silêncio profundo desceu sobre nós. Ele parou de falar. E, depois de um tempo, quando as estrelas estavam muito próximas da Terra, ele disse: "Esse é o silêncio que tenho procurado por todos os lugares, nos livros, nos instrutores e em mim mesmo. Eu encontrei muitas coisas, mas nunca isso. Esse silêncio surgiu sem ser procurado, sem ser convidado. Será que desperdicei minha vida em coisas que não importavam? Você não tem ideia do que eu passei, o jejum, as abnegações e as práticas. Eu já percebera a futilidade disso tudo havia muito tempo, mas nunca experienciara esse silêncio. O que devo fazer para permanecer nele, para mantê-lo, para retê-lo em meu coração? Suponho que você vai dizer para não fazer nada, pois ele não pode ser convidado. Mas eu deveria continuar vagando por este país, com esta repetição, este controle? Sentado aqui, sinto a compreensão desse silêncio sagrado. Através dele, olho para as estrelas, aquelas árvores, o rio. Embora eu veja e sinta tudo isso, não estou ali. Como você disse um dia desses, o observador é o próprio objeto observado. Agora eu percebo o que isso significa. A graça que buscava não pode ser encontrada mediante uma busca. Chegou a hora de partir".

O rio havia se tornado escuro e as estrelas eram refletidas em suas águas, próximo das margens. Gradualmente, os ruídos do dia iam chegando ao fim e os ruídos suaves da noite começavam. Podia-se contemplar as estrelas, o escurecer da terra e a paisagem distante. O estado de beleza, que é o amor, parecia descer sobre a terra e todas as coisas que a ela pertencem.

23 de setembro de 1973

Na margem rasa do rio, ele se encontrava sozinho; não era um rio muito largo, e algumas pessoas podiam ser vistas na outra margem. Se estivessem falando alto, quase se conseguia ouvi-las. Na estação chuvosa, o rio ia ao encontro das águas abertas do mar. Chovia fazia dias e o rio rompera as areias chegando até o mar, que o aguardava. Com as chuvas fortes, estava límpido mais uma vez e era possível nadar nele com segurança. O rio era largo o suficiente para abrigar uma longa e estreita ilha, com arbustos verdejantes, algumas árvores baixas e uma pequena palmeira. Quando a água não estava muito profunda, o gado atravessava para pastar. Era um rio amistoso e agradável, e encontrava-se particularmente assim naquela manhã.

Ele estava ali sem ninguém por perto, sozinho, desapegado e distante. Ele devia ter cerca de 14 anos ou menos. Fazia pouco tempo que eles haviam encontrado seu irmão e ele, e todo aquele alvoroço cercava-o pela repentina importância dada a ele. Ele era o centro de respeito e devoção, e nos anos seguintes seria colocado como chefe de uma organização e de grandes propriedades. A dissolução de tudo isso ainda estava num futuro distante. Ficar ali sozinho, perdido e estranhamente alheio foi sua primeira e mais duradoura lembrança daqueles dias e eventos. Ele não se recorda de sua infância, das escolas e das surras. Anos mais tarde, o próprio professor que lhe batera contou-lhe que costumava fazer isso todos os dias. Ele chorava e era colocado na varanda até a escola fechar, e o professor, ao sair, pedia que ele fosse para casa; caso contrário, ele permanecia ali na varanda, desorientado. O professor disse que batia nele porque não conseguia estudar nem se lembrar de nada do que lia ou do que lhe era dito. Tempos depois, aquele mesmo professor não conseguia acreditar que o garoto de outrora era esse homem que havia proferido a palestra que ele acabara de ouvir. Ele ficou imensamente surpreso e em atitude de respeito, ainda que desnecessária.

Todos aqueles anos se passaram sem deixar cicatrizes e memórias em sua mente, seus afetos e suas amizades, até mesmo em relação àqueles que o maltrataram em anos passados. Por alguma razão, nenhum desses eventos, afetuosos ou brutais, deixou marcas nele. Nos últimos anos, um escritor perguntou se ele conseguia se lembrar de todos aqueles eventos um tanto estranhos, como ele e seu irmão foram descobertos e assim por diante. Quando ele respondeu que não conseguia se lembrar deles e só repetia o que outros haviam lhe dito, o homem, num tom explícito de sarcasmo e ironia, com um sorriso, afirmou que estaria fingindo e dissimulando. De modo conscientemente, ele nunca bloqueou qualquer acontecimento – fosse prazeroso, fosse doloroso – de entrar em sua mente. Os acontecimentos chegavam e partiam sem deixar qualquer marca.

A consciência é o seu conteúdo: o conteúdo produz a consciência. Os dois são indivisíveis. Não existem você e o outro, apenas o conteúdo que produz a consciência do que é o *eu* e do que *não é eu*. Os conteúdos variam de acordo com a cultura, com as combinações raciais, as técnicas e capacidades adquiridas. E essas coisas se subdividem em outras, como no caso do artista, do cientista e assim por diante. As idiossincrasias são respostas dadas pelos condicionamentos; e o condicionamento, por sua vez, é o elemento comum no ser humano. Esses condicionamentos compõem o conteúdo, a consciência. Novamente, esta se subdivide entre aquilo que é consciente e o que é oculto. O oculto se torna importante porque nunca o observamos dentro de um todo. Essa fragmentação ocorre quando o observador não está na condição de observado, quando o experimentador é visto como diferente, separado da experiência. Aquilo que é oculto é como o que está revelado; a observação – o ouvir o que está visível – é também ver o que está oculto. Ver não é o mesmo que analisar. Na análise, estão presentes o analisador e o objeto analisado, e é essa fragmentação que leva à inação, à paralisia. Na ação de ver, o observador não está presente, desaparece; portanto, a ação gerada é imediata. Não há intervalo entre a ideia e a ação. A ideia, ou a conclusão, é o observador – aquele que vê separado daquilo que está sendo visto. A identificação é um ato do pensamento, e o pensar é fragmentação.

A ilha, o rio e o mar, as palmeiras e as edificações ainda estão ali. O sol estava surgindo por entre as massas de nuvens, comprimido e elevando-se no firmamento. Vestidos em simples tangas, os pescadores lançavam suas redes para pegar alguns míseros peixinhos. A pobreza involuntária é uma degradação. No final da tarde, era muito agradável estar entre as mangueiras e flores perfumadas. Como a terra é bela.

24 de setembro de 1973

Uma nova consciência e uma moralidade inteiramente nova são necessárias para provocar uma mudança radical na cultura e estrutura social atuais. Isso é óbvio. A esquerda e a direita, contudo – assim como os revolucionários –, parecem desconsiderar isso. Qualquer dogma, fórmula ou ideologia constitui a parte da velha consciência; são as elaborações do pensamento cuja atividade é a fragmentação – a esquerda, a direita, o centro. Essa atividade, inevitavelmente, levará ao derramamento de sangue – seja da direita, seja da esquerda ou do totalitarismo. É isso o que vemos acontecer ao nosso redor. Percebe-se a necessidade de uma mudança social, econômica e moral, mas a resposta vem a partir da velha consciência, aquela na qual o pensamento assume o papel de ator principal. A desordem, a confusão e a miséria em que os seres humanos se meteram são parte integral da velha consciência, e a ausência de uma mudança profunda de tudo isso, qualquer que seja a atividade, humana, política, econômica ou religiosa, só nos conduzirá à destruição uns dos outros e da Terra. Isso é tão óbvio para quem é lúcido.

É preciso que cada um seja a luz para si mesmo; essa luz é a lei. Não existe outra lei. Todas as outras leis são construídas pelo pensamento; portanto, fragmentadas e contraditórias. Ser uma luz para si mesmo não é seguir a luz de outro, por mais razoável, lógico, histórico e convincente que isso seja. Você não pode ser uma luz para si mesmo se estiver na sombra escura da autoridade, do dogma, da conclusão. A moralidade não pode ser construída pelo pensamento; ela não é o resultado da pressão imposta pelo ambiente no qual se vive; não é de ontem, da tradição. A moralidade é filha do amor, e o amor não é nem desejo nem prazer. O prazer sensual ou sexual não é amor.

No alto das montanhas, quase não havia pássaros; havia algumas gralhas, alguns veados, e ursos ocasionalmente. As imensas sequoias, grandes seres silenciosos, estavam por toda parte, ofuscando todas as outras árvores. Era um país magnífico e pacífico, pois nenhuma caça era permitida. Cada animal, cada árvore e cada flor estavam protegidos. Ao sentar-se sob a sombra de uma dessas enormes sequoias, percebiam-se a história do homem e a beleza da terra. Um grande esquilo vermelho passou com elegância por ali, parando a alguns metros de distância, observando e imaginando o que você estaria fazendo ali. A terra estava seca, embora houvesse um riacho ali por perto. Nenhuma folha se movia, e a beleza do silêncio estava entre as árvores. Indo lentamente ao longo daquele caminho estreito, na curva havia uma ursa com seus quatro filhotes, tão imensos quanto grandes felinos. Eles correram para subir nas árvores, e a mãe o encarou sem qualquer movimento ou som. Cerca de quinze metros nos separavam; ela era enorme, marrom e estava preparada. De imediato, você lhe virou as costas e foi embora. Cada um percebeu que não havia medo e nenhuma intenção de machucar, mas, mesmo assim, você estava contente por voltar para a proteção das árvores e ficar na companhia dos esquilos e a ralhação dos pássaros.

Liberdade é ser uma luz para si mesmo; isso não é uma abstração, uma coisa elaborada pelo pensamento. A liberdade real é a libertação da dependência, do apego, do desejo por experiência. A libertação da própria estrutura do pensamento é ser uma luz para si mesmo. Nessa luz, toda ação acontece; portanto, ela nunca é contraditória. A contradição só existe quando essa lei, a luz, está separada da ação, quando o ator está separado do ato. O ideal, o princípio, é o movimento estéril do pensamento e não pode coexistir com essa luz; um nega o outro. Essa luz, essa lei, não pode coexistir com o eu; onde houver um observador, essa luz, esse amor, não poderá se fazer presente. A estrutura do observador é elaborada pelo pensamento, que nunca é novo, nunca é livre. Não há um *como*, não há um sistema, nenhuma prática. Há apenas o ver, que é fazer. É preciso ver, mas não pelos olhos do outro. Essa luz, essa lei, nem é sua nem do outro. Há apenas luz. Isso é amor.

25 de setembro de 1973

Ele olhava pela janela as colinas verdes e ondulantes e o bosque escuro com o sol da manhã descendo sobre eles. Era uma manhã bela e agradável; nuvens brancas e magníficas se formavam além dos bosques, como se fossem ondas em movimento. Não é de se estranhar que os antigos dissessem que os deuses tinham sua morada entre as nuvens e as montanhas. Essas nuvens imensas contrastavam com o azul deslumbrante do céu. Ele não tinha um único pensamento e apenas contemplava a beleza do mundo. Ele já devia estar naquela janela havia algum tempo, quando algo inesperado aconteceu. Não se pode desejar ou provocar tais coisas, tanto consciente como inconscientemente. Tudo parecia desaparecer dando espaço apenas àquilo, ao inominável. Você não encontrará isso em nenhum templo, mesquita ou igreja ou em qualquer página impressa. Você não encontrará isso em lugar algum – e, o que quer que encontre, não é isso.

Com tantas pessoas dentro daquela imensa estrutura perto do Golden Horn (Istambul), ele se sentou ao lado de um mendigo com as vestes rasgadas, cabeça inclinada, o qual proferia alguma oração. Um homem começou a cantar em árabe. Ele tinha uma voz maravilhosa que preenchia todo o domo, parecendo tremer o edifício. A voz provocou um efeito especial em todos os que estavam ali; eles escutavam as palavras e a voz com grande respeito, ao mesmo tempo que pareciam encantados. Ele era um estranho entre eles; eles o olharam e depois o esqueceram. O imenso salão estava cheio, e logo ocorreu um silêncio; todos iam completando seu ritual e iam saindo, um a um. Somente ele e o mendigo permaneceram; depois o mendigo também se foi. Então, o grande domo entrou em silêncio e o edifício ficou vazio, apenas com os distantes ruídos cotidianos.

Se você alguma vez já caminhou sozinho pelo alto das montanhas, entre os pinheiros e rochas, deixando tudo para trás no vale, logo abaixo de você, quando não existe um único sussurro entre as árvores e cada pensamento se esvaiu, então isso pode vir a você, esse estado de alteridade. Se você tentar retê-lo, ele nunca mais voltará; aquilo que você retém é a memória disso, morta e já passada. O que você mantém não é o real; sua mente e seu coração são pequenos demais e só podem conter em si as coisas do pensamento – e estas são estéreis. Continue seguindo para além do vale, vá bem distante, deixando todas as coisas lá embaixo. Você pode pegá-las de volta se quiser, mas elas terão perdido seu peso. Você nunca mais será o mesmo.

Depois de uma longa subida por várias horas, para além do horizonte das árvores, ele estava ali entre as rochas e na presença do silêncio que só as montanhas têm. Ali havia alguns poucos pinheiros atrofiados e retorcidos. Não ventava, e tudo estava absolutamente imóvel. Fazendo o caminho de volta, movendo-se por entre as rochas, ele ouviu de repente o ruído de uma cascavel e deu um salto. A poucos metros de distância, lá estava uma cobra, grande e quase preta. Com o chocalho no meio do corpo em espiral, ela estava pronta para atacar. A cabeça triangular com sua língua bifurcada a tremular para dentro e para fora, e, com seus olhos escuros e aguçados observando, pronta para atacar caso ele se aproximasse. Ela dera um aviso; havia cumprido seu dever, e dependia de você caso se aproximasse. Durante toda aquela meia hora ou mais, ela nem sequer piscou, mantendo seu olhar fixo e desprovido de pálpebras. Desenrolando-se com lentidão, mantendo a cabeça e a cauda em direção a ele, começou a se afastar em movimentos ondulados; quando ele fez um movimento para se aproximar, ela voltou a se enrolar instantaneamente, pronta para atacar. Jogamos esse jogo por algum tempo; ela estava começando a ficar cansada e ele deixou que ela seguisse o próprio caminho. Era algo assustador, grande e mortal.

É preciso estar sozinho entre as árvores, prados e riachos. Você nunca se encontra sozinho se carrega consigo as coisas do pensamento, suas imagens e problemas. A mente não precisa estar preenchida com as pedras e nuvens da terra. Ela precisa estar vazia, semelhante a um vaso que acabou de ser feito. Só assim você veria algo em sua totalidade, algo nunca visto antes. E você não pode ver isso se estiver ali; para ver, é necessário morrer. Você pode achar que é a coisa importante no mundo, mas você não é. Você pode ter tudo o que o pensamento acumulou, mas tudo o que ele armazenou é velho, gasto e vai se desfazendo.

No vale, era incrível como o ar estava fresco e, perto das cabanas, os esquilos já esperavam por suas nozes. Eles eram alimentados todos os dias na cabana, sobre a mesa. Eram muito amistosos, e, se você não chegasse ali na hora certa, eles começavam a reclamar. Enquanto isso, os gaios-azuis esperavam ruidosamente do lado de fora.

27 de setembro de 1973

Era um templo em ruínas, com seus longos corredores destelhados, portões, estátuas sem cabeça e pátios desertos. Havia se transformado num santuário para pássaros e macacos, papagaios e pombos. Algumas das estátuas sem cabeça ainda mantinham uma expressiva beleza, preservando uma nobreza estática. O lugar inteiro estava surpreendentemente limpo, e era possível sentar-se no chão para observar os macacos e pássaros tagarelando. Há muito tempo, o templo deve ter sido um lugar próspero, com milhares de devotos, com suas guirlandas, incenso e orações. Essa atmosfera ainda persistia ali, com suas esperanças, seus medos e sua devoção. O santuário sagrado já havia desaparecido fazia muito tempo. Nesse momento, os macacos estavam sumindo porque já estava ficando quente, mas os papagaios e pombos haviam construído seus ninhos nos buracos e fendas dos muros altos. Esse antigo templo em ruínas estava muito distante do povoado para que os moradores o destruíssem ainda mais. Se tivessem vindo, já o teriam profanado por completo.

A religião se transformou em superstição e adoração de imagens, crença e ritual. Perdeu a beleza da verdade; o incenso tomou o lugar da realidade. Em vez da percepção direta, agora em seu lugar se tem uma imagem esculpida pela mão ou pela mente. A única preocupação da religião é a transformação integral do homem. E todo o circo montado ao redor dela é um absurdo. Por essa razão, a verdade não pode ser encontrada em nenhum templo, igreja ou mesquita, por mais bonitos que sejam. A beleza da verdade e a beleza feita da pedra são duas coisas distintas. Uma abre a porta para o incomensurável, a outra para o aprisionamento do homem; uma para a liberdade e a outra para a escravidão do pensamento. O romantismo e o sentimentalismo negam a própria natureza da religião, e esta não é um brinquedo do intelecto. O conhecimento no campo da ação é necessário para funcionar de forma eficiente e objetiva, mas ele próprio não é o meio para a transformação do homem. O conhecimento é a estrutura do pensamento, e o pensamento é a monótona repetição do conhecido, por mais modificado e ampliado que o seja. Não há liberdade de fato através dos caminhos do pensamento e, por extensão, do conhecido.

A longa serpente permanecia bem quieta ao longo da margem seca dos campos de arroz, que se mostravam verdes e brilhantes ao sol da manhã. Provavelmente, estava descansando ou esperando por uma rã descuidada. Rãs eram exportadas para a Europa para servirem de iguaria na alimentação. A serpente era comprida, amarelada e muito quieta; era quase da cor da terra seca, difícil de ver, mas a luz do dia estava em seus olhos escuros. A única coisa que se movia, para dentro e para fora, era sua língua preta. Ela não podia perceber o observador que estava posicionado um pouco atrás de sua cabeça.

A morte estava por toda parte naquela manhã. Era possível ouvi-la na aldeia; os grandes soluços enquanto um corpo, envolto num pano, estava sendo carregado; um falcão lançava-se sobre um pássaro; algum animal estava sendo morto; podia-se ouvir seus gritos agonizantes. E assim acontece, dia após dia: a morte está sempre em toda parte, assim como o sofrimento.

 A beleza da verdade e suas sutilezas não estão na crença ou no dogma; ela nunca está onde o homem pode encontrá-la, pois não há caminho para essa beleza; não é um ponto fixo, um refúgio no qual se possa se abrigar. Ela tem a própria ternura, cujo amor não pode ser medido, retido ou experimentado. Não tem um valor de mercado para ser usado e, em seguida, deixado de lado. Essa beleza está aí quando a mente e o coração estão vazios das coisas do pensamento. O monge ou o pobre não estão próximos dela, nem o homem rico; tampouco o intelectual ou o talentoso podem tocá-la. Aquele que diz que conhece a beleza da verdade nunca chegou perto dela. Distancie-se do mundo para então viver nele.

 Naquela manhã, os papagaios gritavam e voavam ao redor do tamarindo; eles haviam começado cedo sua intensa atividade, com o seu ir e vir. Tinham listras brilhantes de verde com bicos vermelhos, curvados e fortes. Nunca pareciam voar em linha reta, pois estavam sempre ziguezagueando e gritando enquanto voavam. Ocasionalmente, pousavam no parapeito da varanda; então, podia-se observá-los, mas não por muito tempo, pois em seguida partiam com seu voo agitado e barulhento. Seu único inimigo parecia ser o homem. Ele os prende numa gaiola.

28 de setembro de 1973

Aquele grande cão preto havia acabado de matar uma cabra; ele fora severamente punido e amarrado, e agora estava choramingando e latindo. A casa tinha um muro alto à sua volta, mas de alguma forma a cabra tinha conseguido entrar, e o cão a perseguiu e matou. O dono da casa reparou a situação com uma conversa e um ressarcimento. Era uma casa grande com árvores ao redor, e o gramado nunca ficava verde por completo, por mais que fosse regado. O sol estava terrivelmente forte, e as flores e arbustos tinham de ser regados duas vezes por dia. O solo era pobre, e o calor do dia quase secava a vegetação. Contudo, as árvores tinham crescido e proporcionavam um sombreado reconfortante, e era possível sentar-se ali de manhã cedo, quando o sol se posicionava bem atrás das árvores. Era um bom lugar caso quisesse sentar-se em silêncio e abandonar-se em meditação, mas não se desejasse sonhar acordado ou se perder em alguma ilusão gratificante. Aquele sombreado era um local muito sóbrio, exigia muito, pois todo o local era dedicado a esse tipo de contemplação silenciosa. Você poderia se entregar às suas fantasias prazerosas, mas logo descobriria que o lugar não era convidativo às imagens criadas pelo pensamento.

Ele estava sentado com um pano sobre a cabeça, chorando; sua esposa havia acabado de morrer. Ele não queria expor suas lágrimas aos filhos; eles também estavam chorando, mas sem entender bem o que acontecera. Aquela mãe de muitos filhos estava doente e ultimamente a doença se agravou. Nesse momento, o pai estava sentado ao lado da cama dela. Parecia que não queria sair dali e um dia, depois de algumas cerimônias, a mãe foi levada dali. A casa tinha ficado com um vazio estranho, sem o perfume que a presença da mãe dava a ela; e a casa nunca mais foi a mesma, pois agora a tristeza se instalara nela. O pai sabia disso; os filhos tinham perdido alguém para sempre, mas ainda não conheciam o significado da tristeza.

A dor está sempre ali; você não pode simplesmente a esquecer; não se pode disfarçá-la por meio de alguma forma de entretenimento, seja ele religioso ou não. Você pode fugir dela, mas ela estará ali, pronta para encontrá-lo mais uma vez. Você pode entregar-se a alguma forma de adoração, oração ou a alguma crença reconfortante, mas essa dor ressurgirá, sem ser convidada. O florescimento da tristeza converte-se em amargura, cinismo ou algum comportamento neurótico, conduta agressiva, violenta ou desagradável; o sofrimento estará bem ali onde você estiver. Você pode ter poder, posição e os prazeres do dinheiro, mas essa dor estará ali em seu coração, esperando e se preparando. Faça o que quiser, mas não poderá escapar dela. O amor que você tem acaba em tristeza; tristeza é tempo, tristeza é pensamento.

A árvore é cortada e derrama-se uma lágrima; um animal é morto para atender ao seu gosto; a terra está sendo destruída para servir ao seu prazer; você está sendo educado para matar, destruir, colocar um homem contra o outro. Novas tecnologias e máquinas estão assumindo cada vez mais as tarefas do homem, mas não se pode acabar com a dor através das coisas que o pensamento acumulou. Amor não é prazer.

Ela chegou desesperada em sua tristeza. Falou despejando todas as coisas pelas quais havia passado: a morte, as vaidades de seus filhos, suas atitudes políticas, seus divórcios, suas frustrações, amarguras e a total inutilidade de uma vida sem algum sentido. Ela não era mais jovem; durante sua juventude, ela se divertiu, teve um interesse passageiro pela política, um diploma em economia e mais ou menos o mesmo tipo de vida que quase todo mundo leva. Seu marido havia falecido recentemente, e toda a tristeza parecia ter descido sobre ela. Ela permaneceu em silêncio enquanto conversávamos.

Qualquer movimento de pensamento acaba por aprofundar o sofrimento. O pensamento com suas memórias, com suas imagens de prazer e dor, com sua solidão e lágrimas, com sua autopiedade e remorso, é o fundamento da tristeza, do sofrimento. Ouça o que está sendo dito. Simplesmente ouça – não os ecos do passado, sobre como superar a dor ou como escapar de seu sofrimento. Ouça com seu coração, com todo o seu ser, o que está sendo dito nesse instante. Sua dependência e seu apego criaram o solo para sua tristeza. Sua negligência em aprofundar-se em si mesmo e sobre a beleza que isso traz alimentou seu sofrimento; todas as suas atividades egocêntricas levaram a isso. Apenas ouça o que está sendo dito: fique com isso, não se desvie. Qualquer movimento do pensamento se traduz no fortalecimento do sofrimento. Pensamento não é amor. No amor não há sofrimento.

29 de setembro de 1973

As chuvas estavam quase no fim, e o horizonte estava repleto de nuvens brancas e douradas; elas se elevavam em direção a um céu azul-esverdeado. As folhas de cada arbusto estavam límpidas e brilhavam ao sol da manhã. Era uma manhã de deleite, a terra se regozijava e ali parecia haver uma bendição pairando no ar. Do alto daquela sala, era possível vislumbrar o mar azul, o rio fluindo em sua direção, as palmeiras e as mangueiras. Era de ficar sem fôlego diante daquelas maravilhas da terra e das nuvens com suas imensas formações. Ainda era cedo, uma manhã tranquila, e o barulho do dia ainda não começara; do outro lado da ponte, quase não havia tráfego, apenas uma longa fila de carros de boi, carregados de feno. Anos depois, os ônibus chegariam com sua poluição e agitação. Era uma manhã adorável, inundada por sons doces e bem-aventurança.

Os dois irmãos foram levados de carro para uma vila próxima para ver o pai, a quem não viam fazia uns quinze anos ou mais. Eles tiveram que caminhar uma pequena distância por uma estrada malconservada. Chegaram então a um reservatório de água; ao seu redor, havia degraus de pedra que levavam até a água limpa. Em um dos seus lados existia um pequeno templo, com uma torre quadrada bem estreita ao topo; ao seu redor, muitas imagens em pedra. Na varanda do templo, que dava vista para o grande lago, estavam algumas pessoas absolutamente imóveis, como aquelas imagens na torre, absortas em meditação. Além do reservatório de água, logo atrás de algumas outras casas, ficava a casa onde o pai morava. Ele saiu quando os dois irmãos se aproximaram, e eles o cumprimentaram prostrando-se e tocando seus pés. Eles eram tímidos e esperaram que o pai lhes falasse, como era o costume.

Antes de dizer qualquer coisa, ele voltou para dentro para lavar os pés, pois os meninos os tocaram. Ele era um brâmane muito ortodoxo; ninguém podia tocá-lo, exceto outro brâmane, e seus dois filhos tinham sido poluídos por se misturarem com outras pessoas que não pertenciam à sua casta, além de terem se alimentado com comida preparada por não brâmanes. Então, ele lavou os pés e sentou-se no chão, não muito perto de seus filhos poluídos. Eles conversaram durante algum tempo até se aproximar a hora em que a comida seria servida. Ele os dispensou, pois não poderia comer com eles, uma vez que não eram mais brâmanes. Deveria sentir alguma afeição por eles; afinal, eram seus filhos, os quais ele não via fazia tantos anos. Se a mãe deles estivesse viva, ela poderia ter dado comida a eles, mas certamente não se alimentaria na presença dos filhos. Ambos deviam ter tido uma profunda afeição pelos seus filhos, mas a ortodoxia e a tradição proibiam que tivessem qualquer tipo de contato físico com eles. A tradição é muito forte, mais forte que o amor.

A tradição da guerra é mais forte que o amor. A tradição de matar por comida e matar o chamado inimigo nega a ternura e afeição humanas. A tradição de longas horas de trabalho é muito eficiente em produzir crueldade e a tradição do casamento logo se transforma em escravidão. As tradições dos ricos e dos pobres os mantêm separados. Cada profissão tem a própria tradição e elite, o que produz inveja e inimizade. As cerimônias e rituais tradicionais nos locais de culto, em todo o mundo, separaram os homens uns dos outros, e as palavras e os gestos não têm mais nenhum significado. Os milhares de dias passados, não importam quão ricos e belos tenham sido, negam o amor.

Atravessando uma ponte frágil para o outro lado de um riacho estreito e lamacento, que se juntava ao largo e volumoso rio, se chega a uma pequena vila de casas feitas de barro com tijolos secos ao sol. Havia uma grande quantidade de crianças gritando e brincando; os mais velhos estavam nos campos, pescando ou trabalhando numa cidade próxima. Em um pequeno quarto escuro, uma abertura na parede servia de janela; aquela escuridão não permitia sequer uma mosca de entrar ali. Era fresco lá dentro. Naquele pequeno espaço havia um tecelão com um grande tear; ele não sabia ler, mas era educado à sua maneira, polido e totalmente absorto em seus trabalhos. Ele produzia tecidos requintados com belos padrões em ouro e prata. Qualquer que fosse a cor requerida, ele poderia tecer os mais finos e melhores padrões tradicionais. Ele nasceu para essa tradição; era pequeno, gentil e ficava ansioso para mostrar seu maravilhoso talento. Você observava-o enquanto ele produzia os mais finos tecidos a partir de fios de seda, com admiração e amor em seu coração. Ali estava sendo tecida uma peça de imensa beleza, nascida de uma longa tradição.

30 de setembro de 1973

Era uma serpente longa, amarela, e estava cruzando a estrada sob uma figueira-de-bengala. Ele havia caminhado uma longa distância e retornava quando a viu. Ele a acompanhou bem de perto, subindo uma elevação; ela examinava cada buraco por onde passava e não tinha a mínima consciência de que ele estava ali, embora ele estivesse quase em cima dela. Havia uma grande protuberância no meio de seu corpo. Os moradores que passavam a caminho de casa pararam de falar e começaram a observar; um destes disse a ele que era uma naja e que seria melhor tomar cuidado. Ela desapareceu em um buraco, e então ele retomou sua caminhada. Com a intenção de ver a naja novamente no mesmo local, ele retornou no dia seguinte. A cobra não estava lá, mas os moradores haviam colocado um prato raso de leite, alguns cravos-de-defunto, uma grande pedra coberta de algumas cinzas e mais algumas flores. Aquele lugar havia se tornado sagrado, e todos os dias haveria flores frescas ali; os moradores ao redor sabiam que aquele lugar se tornara sagrado. Ele retornou vários meses depois e via sempre que havia leite fresco, flores frescas e a pedra que estava recém-decorada. A figueira-de-bengala estava um pouco mais velha.

O templo possuía uma vista para o Mediterrâneo. Estava em ruínas, e apenas as colunas de mármore permaneceram. Durante uma guerra, foi destruído, mas ainda era um santuário sagrado. Uma noite, com o sol dourado batendo no mármore, você sentiu uma atmosfera sagrada; estava ali sozinho, sem visitantes por perto com suas intermináveis conversas. As colunas se tornaram ouro puro, e o mar lá embaixo era intensamente azul. Uma estátua da deusa estava lá, preservada e trancada; só era permitido vê-la em certas horas, e ela já estava perdendo a beleza de sua sacralidade. Mas o mar azul permanecia.

Era uma bela casa de campo na área rural, com um gramado que fora aparado, ajeitado e capinado por muitos anos. O lugar todo era muito bem cuidado, próspero e alegre. Atrás da casa havia uma pequena horta; era um lugar adorável com um riacho suave correndo ao lado, quase sem fazer barulho. A porta se abriu e foi segurada por uma pequena estátua do Buda, chutada para um lugar na base da porta. O dono não tinha a mínima noção do que estava fazendo; para ele, aquilo era um simples peso de porta. Você se perguntava se ele faria o mesmo com uma estátua que ele reverenciasse, pois ele era um cristão. Nega-se às coisas que são sagradas para o outro, mas mantém as suas. As crenças de outro são superstições, mas as suas são razoáveis e reais. O que é sagrado?

Na praia, ele pegou um pedaço de madeira lavada pelo mar, no formato de uma cabeça humana. Era feito de uma madeira dura, moldada pelas águas do mar, limpa por muitas estações. Ele a trouxe para casa e a colocou sobre a lareira; ele olhava para ela de vez em quando e admirava o que o mar havia lhe feito. Um dia, ele colocou algumas flores ao redor dela e então passou a fazer isso todos os dias; ele se sentia desconfortável caso não houvesse flores frescas ali todos os dias, e gradualmente aquele pedaço de madeira esculpida tornou-se muito importante em sua vida. Ele não permitia que ninguém a tocasse, exceto ele mesmo, pois poderiam profaná-la; ele lavava as mãos antes de tocá-la. Aquela peça de madeira se transformara numa entidade sagrada, divina, tendo ele como seu sumo sacerdote; ele a representava; ela lhe contava coisas que ele nunca poderia saber por si mesmo. Sua vida estava preenchida com aquela presença, e ele era, como dizia, indizivelmente feliz.

O que é sagrado? As coisas feitas pela mente, pelas mãos ou pelo mar não o são. O símbolo nunca é o real; a palavra *grama* não é a grama dos campos; a palavra *Deus* não é Deus. A palavra nunca traz em si a totalidade, por mais precisa e inteligente que seja a descrição. A palavra *sagrado* não tem nenhum significado por si só; ela se torna sagrada apenas quando da sua relação com algo, ilusório ou real. O que é real não está contido nas palavras armazenadas na mente; a realidade, a verdade, não pode ser tocada pelo pensamento. Onde está presente o observador, a verdade não está. O pensador e seu pensamento devem chegar ao fim para que a verdade se revele. Só então aquilo que é manifesta-se sagrado – aquele mármore antigo com o sol dourado sobre ele, aquela serpente e aquele aldeão. Onde não há amor, não há o sagrado. O amor é completude, e nele não há fragmentação.

2 de outubro de 1973

A consciência é seu conteúdo; o conteúdo é consciência. Toda ação é fragmentária quando o conteúdo da consciência é fragmentado. A atividade gerada a partir disso provoca conflito, dor e confusão; e então o sofrimento é inevitável.

Àquela altura, era possível ver campos verdejantes, cada um separado do outro em sua forma, tamanho e cor. Um rio descia para encontrar o mar; muito além dele estavam as montanhas, carregadas de neve. Espalhadas por toda aquela terra, havia grandes cidades e vilarejos em expansão; nas colinas encontravam-se castelos, igrejas e casas; bem distante dali, vastos desertos marrons, dourados e brancos. E, então, lá estava o mar azul novamente e mais terras com densas florestas. A terra inteira era rica e bela.

Ele caminhou até ali, esperando encontrar um tigre, e de fato o encontrou. Os aldeões tinham vindo para contar ao seu anfitrião que um tigre matara uma novilha na noite anterior e voltaria naquela noite para matar outra vez. Será que eles gostariam de ver? Uma plataforma em uma árvore seria construída, e de lá seria possível assistir ao grande matador. Além disso, eles amarrariam uma cabra à árvore para garantir que o tigre viria. Ele disse que não gostaria de ver uma cabra sendo morta para seu prazer, e assim o assunto foi cancelado. Mas no final daquela tarde, quando o sol se escondia atrás dos morros, seu anfitrião quis dar uma volta, esperando que por sorte pudessem ver o tigre que matara a vaca. Eles dirigiram alguns quilômetros floresta adentro; foi escurecendo rapidamente e os faróis já estavam acesos quando voltaram. Eles haviam perdido toda a esperança de ver o tigre enquanto dirigiam de volta. Mas, assim que dobraram uma curva, lá estava ele, sentado sobre as patas traseiras no meio da estrada, enorme, listrado, com seus olhos brilhantes diante dos faróis. O carro parou e ele veio em direção a eles, rugindo. O carro chegava a balançar com seus rugidos. O tigre era surpreendentemente grande e sua longa cauda com uma extremidade preta se movia com lentidão de um lado para o outro. Ele estava irritado. A janela estava aberta e, ao passar rugindo, ele estendeu a mão para tocar essa grande energia da floresta, mas seu anfitrião puxou seu braço de volta com rapidez, explicando mais tarde que o tigre poderia ter arrancado seu braço. Era um animal magnífico, cheio de majestade e poder.

Mais adiante, naquela região, havia tiranos negando liberdade aos habitantes, ideólogos moldando a mente do homem. Sacerdotes com seus séculos de tradição e crença estavam escravizando o homem; os políticos, com suas infindáveis promessas, traziam corrupção e divisão. Ali, o ser humano está aprisionado em infindáveis conflitos e sofrimentos, e nas luzes deslumbrantes do prazer. Tudo parece ser completamente sem sentido – a dor, a labuta e os discursos dos filósofos. Morte, infelicidade e trabalho árduo, o ser humano contra o ser humano.

Essa variedade complexa e as mudanças que ocorrem no padrão de prazer e dor são o conteúdo da consciência humana, moldada e condicionada pela cultura em que foi nutrida, com suas pressões religiosas e econômicas. A liberdade não se encontra dentro dos limites da consciência. O que é aceito como liberdade é, na realidade, uma prisão tornada de algum modo habitável pelo desenvolvimento da tecnologia. Nessa prisão há guerras cada vez mais destrutivas pela ciência e pela busca de lucro. A liberdade não se encontra na mudança de prisões, ou em qualquer substituição de gurus, com a sua autoridade absurda. A autoridade não traz a sanidade da ordem. Pelo contrário, ela gera desordem, e desse solo cresce a autoridade. Não se encontra a liberdade na fragmentação. Uma mente não fragmentada, em sua inteireza, encontra-se liberta. Ela não sabe que é livre; o que é conhecido está contido no tempo, o passado perpassando o presente ao futuro. Todo movimento é tempo e o tempo não é um fator de liberdade. A liberdade de escolha nega a liberdade; só há escolha onde existe confusão. A clareza de percepção, o *insight*, é a libertação da dor da escolha. A ordem em sua totalidade é a luz da liberdade. Essa ordem não é filha do pensamento, pois toda atividade do pensamento cultiva a fragmentação. O amor não é um fragmento de pensamento nem do prazer. A percepção disso é inteligência. Amor e inteligência são inseparáveis, e daí flui uma ação que não gera sofrimento. A ordem é o seu fundamento.

3 de outubro de 1973

Estava bem frio no aeroporto logo cedo pela manhã; o sol nascia. Todos estavam agasalhados, e os pobres carregadores tremiam de frio. Havia o barulho habitual de um aeroporto, o ruído estrondoso dos jatos, pessoas falando alto, as despedidas e as decolagens. O avião estava lotado de turistas, homens de negócio e outras pessoas indo para a cidade sagrada, com a sua sujeira e superpopulação. Naquele momento, sob o sol da manhã, a vasta cordilheira dos Himalaias tornava-se rosa. Estávamos voando para o sudeste, e por centenas de quilômetros esses imensos picos pareciam estar pairando no ar com sua beleza e majestade. O passageiro no assento ao lado estava imerso lendo um jornal; no outro lado do corredor uma mulher se concentrava no seu rosário; os turistas falavam alto e tiravam fotos uns dos outros e das montanhas longínquas; todos estavam ocupados com suas coisas e não dispunham de tempo para observar aquela maravilha da terra e seu sinuoso rio sagrado, tampouco a beleza misteriosa daqueles grandes cumes que gradualmente se tornavam cor-de-rosa.

No corredor mais atrás havia um homem a quem denotavam considerável respeito. Ele não era jovem, parecia ter o aspecto de um professor, era ágil em seus movimentos e estava bem-vestido. Poderia se perguntar se aquele homem algum dia já teria visto a verdadeira glória que eram aquelas montanhas. Naquele instante, ele se levantou e foi em direção ao passageiro no assento ao nosso lado; perguntou se poderia trocar de lugar com ele. Ele se sentou, se apresentou e perguntou se poderia ter uma conversa conosco. Ele falava um inglês com certa hesitação, escolhendo suas palavras com cuidado, pois não estava muito familiarizado com essa língua; ele tinha uma voz clara e suave e era agradável em seus gestos. Ele iniciou dizendo que tinha muita sorte de estar viajando no mesmo avião e pela oportunidade de ter essa conversa. "Com certeza, eu já havia escutado falar de você desde a minha juventude e só recentemente ouvi sua última palestra sobre a meditação e o observador. Eu sou um acadêmico, um *pundit*, e pratico meu tipo de meditação e disciplina."

As montanhas estavam distanciando-se mais para o leste, e abaixo de nós o rio seguia seu curso com padrões amplos e delicados.

"Você disse que o observador é o objeto observado; o meditador é a meditação, e que só há meditação quando o observador está ausente. Gostaria de compreender isso. Para mim, a meditação é o controle do pensamento, fixando a mente no absoluto."

O controlador é o controlado, não é assim? O pensador é os seus pensamentos. Sem as palavras, imagens e pensamentos, existe um pensador? O experimentador é a experiência; sem a experiência não há experimentador. O controlador do pensamento é feito de pensamento; ele é um dos fragmentos do pensamento. Chame-o do que quiser; o agente "separado" do observador, não importa o quão sublime pareça ser, ainda é um produto do pensamento. A atividade do pensamento é sempre extrínseca e sempre produz fragmentação.

"Será que a vida pode ser vivida sem o exercício do controle? Essa é a essência da disciplina."

Quando se tem a percepção de que o controlador é o controlado, isso percebido como um fato real, uma verdade de fato, surge uma energia de um tipo totalmente diferente que transforma *o que é*. O controlador nunca pode mudar *o que é*; ele pode controlar, suprimir, modificar ou fugir do que é, mas jamais pode ir além ou se colocar acima dele. A vida pode e deve ser vivida sem o exercício do controle. Uma vida conduzida nunca é saudável; ela gera conflito, confusão e sofrimento infindáveis.

"Este é um conceito absolutamente inédito."

Deve-se salientar que isso não se trata de uma abstração, uma fórmula. Existe apenas *o que é*. O sofrimento não é uma abstração; alguém pode extrair uma conclusão do que acha que ele seja, um conceito, uma estrutura verbal, mas nada disso será o que o sofrimento é de fato. Ideologias não têm nenhuma realidade; existe apenas *o que é*. E isso jamais poderá ser mudado enquanto o observador separar-se daquilo que é observado.

"Isso é uma experiência direta sua?"

Seria inútil e estúpido se fossem apenas meras construções verbais do pensamento. Isso seria hipocrisia.

"Eu gostaria muito de descobrir com o senhor o que é meditação, mas agora não há mais tempo, pois estamos prestes a pousar."

Havia guirlandas na chegada, e o céu do inverno estava intensamente azul.

4 de outubro de 1973

Quando era menino, ele costumava sentar-se sozinho sob uma imensa árvore, perto de um lago onde cresciam lótus; as flores eram rosa e tinham um aroma forte. Da sombra daquela árvore frondosa, ele podia observar as cobras verdes e finas, os camaleões, os sapos e as cobras-d'água. Seu irmão, juntamente com outros, vinha para levá-lo para casa.

Embaixo da árvore era um lugar agradável, com o rio e o lago ao redor. Havia a sensação de um lugar muito espaçoso, e ali a árvore ocupou o próprio espaço. Tudo precisa de espaço. Todos aqueles pássaros sobre os fios elétricos, empoleirados de modo tão simétricos, numa tarde calma, criam espaço para o firmamento.

Os dois irmãos se sentavam, junto com muitos outros, naquele quarto cheio de imagens; havia um cântico em sânscrito seguido de um silêncio completo. Era a hora da meditação vespertina. O irmão mais jovem dormia, virava-se de lado e acordava apenas quando todos os outros se levantavam para sair. O quarto não era muito grande e em suas paredes havia pinturas, as imagens do sagrado. Dentro das limitadas dimensões de um templo ou uma igreja, o homem dá forma ao vasto movimento do espaço. Isso é assim em todos os lugares; na mesquita, o espaço é sustentado pelas linhas graciosas das palavras. O amor precisa de um enorme espaço.

Serpentes e ocasionalmente pessoas vinham até aquele lago; havia degraus de pedra que levavam até a parte onde crescia o lótus. O espaço que o pensamento cria é mensurável e, portanto, limitado; as culturas e as religiões são produtos dessa limitação. Assim, a mente é preenchida com pensamento e é construída por pensamentos. Sua consciência é a estrutura do pensamento, contendo pouco espaço dentro dela. Contudo, esse espaço é o movimento do tempo, daqui para lá, de seu centro em direção às suas linhas externas de consciência, estreitando ou expandindo. O espaço que o centro cria para si constitui a própria prisão. Seus relacionamentos ocorrem a partir desse limitado espaço, mas é preciso que haja espaço para se viver; e o espaço ocupado pela mente opõe-se ao viver. Viver dentro dos estreitos limites do centro se traduz em conflito, dor e sofrimento, e isso não é viver.

O espaço, a distância entre você e a árvore, é a palavra e o conhecimento, coisas que pertencem ao tempo. O tempo é o observador que cria a distância entre ele mesmo e as árvores, entre ele e aquilo *que é*. Sem o observador, a distância acaba. A identificação com as árvores, com outro ou com uma fórmula é a ação do pensamento em seu desejo de proteção, segurança. A distância é de um ponto a outro; para chegar a esse ponto, o tempo é necessário; a distância só existe onde há direção – seja para dentro, seja para fora. O observador cria uma separação, uma distância entre ele e *o que é*; disso emergem o conflito e o sofrimento. A transformação do *que é* ocorre apenas quando não há separação, nem tempo, entre o observador e aquilo que se observa. No amor não há nenhuma distância.

O irmão mais novo morreu, e não houve movimento nenhum em qualquer direção que se afastasse da dor. Esse não movimento é o fim do tempo. Foi entre as colinas e sombras verdejantes que o rio se iniciou, e com um bramido seguiu mar adentro em seus horizontes infinitos. O homem vive em caixas com gavetas, em imensas propriedades, e dizem não ter espaço; eles são violentos, brutais, agressivos e nefastos; eles se separam e se destroem mutuamente. O rio é a terra e a terra é o rio; um não pode existir sem o outro.

As palavras podem ser infinitas, mas a comunicação pode ser verbal e não verbal. Ouvir a palavra é uma coisa, mas ouvir sua ausência é outra; uma é irrelevante, superficial, levando à inação; a outra é ação não fragmentária, o florescer da bondade. As palavras originaram belas paredes, mas nenhum espaço. Lembranças, imaginações, são a dor do prazer, e amor não é prazer.

A serpente verde, longa e esguia estava lá naquela manhã; era delicada e quase perdida entre as folhas verdes; ficava ali, imóvel, observando e esperando. A grande cabeça do camaleão estava à mostra; ele estava deitado ao longo de um galho, enquanto suas cores mudavam frequentemente.

6 de outubro de 1973

Naquela extensão de terra, coberta por vegetação, havia uma única árvore; ela era antiga e bastante respeitada entre todas as outras árvores existentes naquela colina. Em seu isolamento, sobressaía ao riacho barulhento, às colinas e ao chalé do outro lado da ponte de madeira. É de se admirar ao passar por ela, mas, ao regressar, pode-se observá-la com minúcia; seu tronco é muito espesso, profundamente incrustado na terra, sólido e indestrutível; seus galhos são longos, escuros e tortuosos; sua sombra, abundante. Ao entardecer, ela recolhe-se em si mesma, inatingível, mas durante o dia é aberta e acolhedora. Ela está em sua condição original, intocada por machado ou serra. Em um dia ensolarado, você se sentava ao seu redor e sentia sua venerável idade. E, por se encontrar sozinho com ela, percebia sua profundidade e a beleza da vida.

O velho aldeão cansado passou por você, enquanto estava sentado ali em uma ponte olhando o pôr do sol. Ele estava quase cego, mancando e carregando um fardo numa mão e uma bengala na outra. Era uma dessas tardes em que as cores do pôr do sol refletiam em cada pedra, árvore e arbusto; a grama e os campos pareciam ter a própria luz interior. O sol se pôs atrás de uma colina, e em meio a essa extravagância de cores acontecia o nascimento da estrela vespertina. O aldeão parou à sua frente e olhou para aquelas cores surpreendentes e para você. Ambos se entreolharam e, sem dizer uma palavra, ele seguiu em frente. Naquela comunicação houve afeição, ternura e respeito, não aquele respeito tolo, mas o respeito de homens verdadeiramente religiosos. Naquele instante, todo o tempo e pensamento haviam cessado. Você e ele se encontravam religiosos, não corrompidos por crença ou imagem, por palavra ou pobreza. Com frequência, se cruzavam naquela estrada entre as colinas rochosas e, todas as vezes em que se olhavam, manifestava-se a alegria decorrente do *insight* total.

Um homem e sua esposa vinham do templo situado do outro lado da rua. Ambos estavam em silêncio, profundamente tocados pelos cânticos e pelo culto. Por acaso você estava caminhando atrás deles e percebeu neles o sentimento de sua reverência, a força de sua determinação em levar uma vida religiosa. Mas isso logo passaria, pois eles seriam chamados à sua responsabilidade com seus filhos, que vinham correndo em sua direção. Ele deveria ter uma boa profissão, provavelmente era competente, pois tinha uma grande casa. A carga da vida cotidiana o afogaria, e, embora frequentasse o templo com assiduidade, a batalha continuaria.

A palavra não é a coisa; a imagem, o símbolo, não é o real. A realidade, a verdade, não é uma palavra. Expressar a realidade em palavras a apaga, e seu lugar é assumido pela ilusão. O intelecto pode rejeitar toda a estrutura de uma ideologia, crença e todas as armadilhas e poder que as acompanham; contudo, a razão pode justificar qualquer crença, qualquer ideação. A razão é a ordem do pensamento, e o pensamento é a resposta do mundo exterior. Por ser do mundo exterior, o pensamento cria o interior. Nenhum homem pode viver unicamente do mundo exterior, e o mundo interior torna-se uma necessidade. Essa divisão é o terreno onde a batalha do *eu* e *não eu* acontece. O mundo exterior é o deus das religiões e ideologias; o interior tenta se adaptar a essas imagens e então o conflito se inicia.

Não há interior nem exterior, mas apenas a totalidade. O experimentador é aquilo que se experimenta. Fragmentação é insanidade. Essa totalidade não é apenas uma palavra; é quando a divisão entre o interior e o exterior cessa absolutamente. O pensador é o próprio pensamento.

De modo repentino, enquanto você caminha, na ausência de um único pensamento, mas apenas observando sem a presença do observador, você se apercebe de uma sacralidade que o pensamento nunca foi capaz de conceber. Você para, observa as árvores, os pássaros e os passantes; tudo não é uma ilusão ou algo com que a mente se iluda a si mesma. Ela se manifesta ali, diante dos seus olhos, em todo o seu ser. A cor da borboleta é a borboleta.

As cores que o sol havia deixado iam se desvanecendo, e antes do escurecer a tímida lua nova se mostrou para então desaparecer atrás da colina.

7 de outubro de 1973

Era uma daquelas chuvas na montanha que duram três ou quatro dias, trazendo consigo um clima mais frio. A terra estava encharcada e pesada, e todas as trilhas da montanha estavam escorregadias; pequenos riachos corriam pelas encostas íngremes, e o trabalho nos terraços dos campos havia parado. As árvores e as plantações de chá estavam abaladas devido à umidade; não havia sol fazia mais de uma semana, e estava esfriando. As montanhas ficavam ao norte, com sua neve e cumes gigantescos. As bandeiras ao redor dos templos estavam pesadas de chuva; elas tinham perdido sua formosura com suas cores alegres tremulando na brisa. Havia trovões e relâmpagos, e o som era transportado de um vale a outro; uma densa névoa escondia os fortes clarões de luz.

Na manhã seguinte, havia um céu claro, azul e suave, e os grandes picos, incólumes e atemporais, iluminavam-se pelo sol matinal. Um vale profundo descia entre o vilarejo e as altas montanhas; estava preenchido por uma neblina azul-escura. Bem à frente, elevando-se no céu límpido, estava o segundo pico mais alto dos Himalaias. Você quase podia tocá-lo, porém ele estava a muitos quilômetros de distância; mas a distância era esquecida com facilidade, pois ele estava ali, em toda a sua majestade, tão absolutamente puro e incomensurável. Ao final da manhã, ele desaparecera, escondido por entre as nuvens escuras vindas do vale. Apenas no início da manhã ele se mostrou e desapareceu algumas horas depois. Não é de se admirar que os antigos vissem seus deuses nessas montanhas, nos trovões e nas nuvens. A divindade de suas vidas fundava-se na bendição que ocultamente repousava naquelas neves inacessíveis.

Seus discípulos vieram para convidá-lo a ir visitar seu guru. O convite era recusado com educação, mas a vinda deles era constante, esperando que você mudasse de ideia ou aceitasse o convite, cansado daquela insistência. Então, decidiu-se que seu guru viria com alguns de seus discípulos escolhidos.

Era uma rua pequena e barulhenta; as crianças jogavam críquete ali; elas tinham um taco, e utilizavam alguns tijolos estranhos para fazer a marcação. Com gritos e risadas, eles brincavam alegremente o máximo que podiam, interrompendo apenas para algum carro que passasse, pois o motorista respeitava a brincadeira deles. Dia após dia as crianças brincavam ali e, naquela manhã, estavam particularmente barulhentas quando o guru chegou. Ele portava uma pequena bengala polida.

Alguns de nós estávamos sentados em um colchão fino estendido no chão quando ele entrou na sala, e nós nos levantamos e lhe oferecemos o colchonete. Ele se sentou de pernas cruzadas, colocando sua bengala à sua frente; aquele colchão fino parecia lhe conferir uma posição de autoridade. Ele encontrara a verdade, experimentando-a, e, portanto, era alguém que tinha a compreensão e estava abrindo a porta para nós. O que ele dizia era lei para si mesmo e para os outros; você era um simples buscador, enquanto ele já tinha encontrado a verdade. Se alguém estivesse desorientado em sua busca, ele o ajudaria ao longo do caminho, mas você precisaria obedecer a ele. Com calma, você respondeu que toda busca e realização não tinham nenhum significado, a menos que a mente estivesse liberta de todo o seu condicionamento; que a libertação é o primeiro e o último passo, e a obediência a qualquer autoridade, no que diz respeito à mente, é ser aprisionado pela ilusão e pela ação, o que provoca o sofrimento. Em seguida, ele o olhou com pena e preocupação, e com uma ponta de aborrecimento, como se você fosse um tanto louco. Então, disse: "A maior de todas e a derradeira experiência me foi consagrada, e nenhum buscador pode recusar isso".

Se a realidade ou a verdade é para ser experimentada, então ela se constitui apenas uma projeção da própria mente. O que é experimentado não é a verdade, mas uma criação de sua mente.

Os discípulos do guru começaram a ficar agitados. Seguidores destroem seus professores e a si mesmos. O guru se levantou e foi embora, seguido de seus discípulos. As crianças ainda brincavam na rua; alguém acertou a bola e foi aclamado com gritos e palmas.

Não há um caminho para a verdade, histórica ou religiosamente. Isso não é algo para ser experimentado ou encontrado pela dialética; não é para ser visto a partir de volúveis opiniões ou crenças. Você chega a ela quando a mente estiver liberta de todas as coisas que ela mesma acumulou. Aquele pico majestoso é um milagre da vida.

8 de outubro de 1973

Os macacos estavam por toda parte naquela manhã tranquila; na varanda, no telhado e na mangueira – um bando inteiro deles. Eles eram daquela espécie marrom-avermelhada. Os pequenos estavam perseguindo uns aos outros entre as árvores, não muito longe de suas mães, e o grande macho estava sentado sozinho, vigiando todo o bando; devia haver cerca de vinte deles. Eram muito destrutivos e, à medida que o sol subia mais alto, com lentidão eles desapareciam na floresta mais densa, longe das habitações humanas; o macho foi o primeiro a partir e os outros o seguiam em silêncio. Então, os papagaios e os corvos voltaram com seu ruído habitual, avisando da sua presença. Havia um corvo que gritava, ou o que quer que fosse aquilo, com uma voz rouca, em geral na mesma hora, e continuava assim até ser afugentado. Dia após dia, ele repetia essa performance; seu grasnido penetrava tão profundamente na sala que de algum modo todos os outros ruídos existentes pareciam ter sumido. Esses corvos evitam lutas violentas entre si, são rápidos, muito vigilantes e eficientes em sua sobrevivência. Os macacos pareciam não gostar deles. Aquele seria um dia agradável.

Ele era um homem magro e forte, com uma cabeça bem formada e olhos que um dia souberam sorrir. Estávamos sentados em um banco com vista para o rio, à sombra de um tamarindo, lar de muitos papagaios e um par de pequenas corujas que estavam se aquecendo no sol da manhã.

Ele disse: "Passei muitos anos em meditação, controlando meus pensamentos, jejuando e fazendo apenas uma refeição ao dia. Eu trabalhava como assistente social, mas desisti há muito tempo, pois descobri que esse trabalho não solucionava o profundo problema humano. Há muitos outros que continuam com esse tipo de trabalho, mas não é mais uma atividade para mim. Tornou-se o mais importante para mim compreender o completo significado e a profundidade da meditação. Todas as escolas de meditação defendem alguma forma de controle; eu pratiquei diferentes sistemas, mas de algum modo me parece não haver um fim para tudo isso".

Controle implica divisão, o controlador e a coisa a ser controlada. Essa divisão, como toda divisão, promove conflito e distorção na ação e no comportamento. Essa fragmentação é o trabalho do pensamento, um fragmento tentando controlar as outras partes, podendo-se chamar esse fragmento de controlador ou qualquer outro nome que queira dar. Essa divisão é artificial e perversa. Na verdade, o controlador é o controlado. Em sua natureza intrínseca o pensamento é fragmentário, e isso causa confusão e sofrimento. O pensamento dividiu o mundo em nacionalidades, ideologias e seitas religiosas, as grandes e as pequenas. O pensamento é a resposta de memórias, experiência e conhecimento, armazenados no cérebro; ele só pode funcionar de modo eficiente e sadio quando tem segurança e ordem. Para que o físico sobreviva, ele tem de se proteger de todos os perigos. A necessidade de sobrevivência externa é fácil de entender, mas a sobrevivência psicológica é diferente, é a sobrevivência da imagem que o pensamento criou. O pensamento dividiu a existência entre interior e exterior, e dessa separação surgem o conflito e o controle. Para a sobrevivência do interior, a crença, a ideologia, os deuses, nacionalidades e conclusões tornam-se essenciais, e decorrente disso também provoca guerras inimagináveis, violência e sofrimento. O desejo pela sobrevivência dessa existência interior, com suas muitas imagens, é uma doença, é desarmonia. O pensamento é desarmonia. Todas as suas imagens, ideologias e verdades são contraditórias em si mesmas e destrutivas. O pensamento trouxe, além de suas conquistas tecnológicas, tanto interna quanto externamente, o caos e os prazeres que logo se transformam em desespero.

Perceber tudo isso em sua vida diária, ouvir e ver o movimento do pensamento é a transformação que a verdadeira meditação realiza. Essa transformação não é o *eu* tornando-se num *eu* melhor, mas é a transformação do conteúdo da consciência. A consciência é o seu conteúdo. A consciência do mundo é a sua consciência; você é o mundo e o mundo é você. A meditação é a transformação completa do pensamento e de suas atividades. A harmonia não é um fruto do pensamento; ela ocorre com a percepção do todo.

A brisa da manhã tinha ido embora e uma folha nem sequer se movia. O rio havia aquietado completamente e os ruídos vindos da outra margem atravessam suas águas. Até os papagaios estavam silentes.

9 de outubro de 1973

Era um trem de bitola estreita que parava em quase todas as estações, onde vendedores de café e chá, cobertores e frutas, doces e brinquedos, gritavam o nome de suas mercadorias. Dormir era quase impossível. De manhã, os passageiros tomaram um barco que cruzava as águas rasas do mar até a ilha. Lá, um trem estava esperando para levá-lo à capital, atravessando uma região de selva com palmeiras, plantações de chá e vilarejos. Era uma terra agradável e feliz. Próximo ao mar era quente e úmido, mas nas montanhas, onde ficavam as plantações de chá, era fresco. No ar sentia-se o cheiro de épocas antigas, de uma vida simples e sem aglomerações. Mas na cidade, como em todas as cidades, havia barulho, sujeira, a crueldade da pobreza e a vulgaridade do dinheiro; no porto, navios de todo o mundo.

A casa ficava em uma parte isolada da cidade, e havia um fluxo constante de pessoas que vinham cumprimentá-lo com guirlandas e frutas. Um dia, um homem perguntou se ele gostaria de ver um bebê elefante e fomos vê-lo, naturalmente. Ele tinha cerca de duas semanas de vida; nos disseram que sua mãe estava agitada e era muito protetora. O carro nos levou para fora da cidade, passando por aquele cenário de pobreza e sujeira até um rio amarronzado, com um vilarejo situado em sua margem.

Árvores altas e pesadas circundavam o local. O elefante e o bebê estavam lá. Ele permaneceu ali por várias horas até que a mãe se acostumasse com sua presença; ele precisava ser apresentado até que fosse autorizado a tocá-lo em sua longa tromba e alimentá-la com algumas frutas e cana-de-açúcar. A ponta sensível da tromba pedia mais, e maçãs e bananas entraram direto em sua boca larga. O bebê recém-nascido estava de pé, balançando sua pequena tromba entre as pernas da mãe. Ele era uma pequena réplica de sua enorme mãe. Por fim, a mãe permitiu que ele tocasse seu bebê; sua pele não era muito áspera, e sua tromba estava em constante movimento, muito mais agitada do que o resto do corpo. A mãe estava observando o tempo todo, e seu tratador tinha que a tranquilizar de vez em quando. Era um bebê brincalhão.

A mulher entrou na pequena sala profundamente angustiada. Seu filho morrera na guerra: "Eu o amava muito, e era meu único filho. Ele era bem-educado e prometia ser uma pessoa generosa e muito talentosa. Ele foi morto, e por que isso tinha de acontecer com ele e comigo? Havia amor, um afeto real entre nós. Acontecer isso foi uma coisa muito cruel". Ela estava soluçando e parecia não haver fim para suas lágrimas. Ela segurou a mão dele e logo se acalmou o suficiente para ouvir.

Gastamos tanto dinheiro na educação de nossos filhos; cuidamos tão bem deles; nos apegamos profundamente; eles preenchem nossas vidas solitárias; neles encontramos a nossa realização e um sentido de continuidade. Por que somos educados? Para nos tornarmos máquinas tecnológicas? Para gastarmos nossa vida trabalhando e morrer em um acidente ou de uma doença dolorosa? Essa é a vida que a nossa cultura e a religião nos ofereceram. Esposas e mães choram por todo o mundo; a guerra ou a doença levaram seus maridos e filhos. Será que o amor é apego? As lágrimas e a agonia da perda, será que isso é amor? É solidão e sofrimento? É autopiedade e a dor da separação? Se você amasse seu filho, cuidaria para que nenhum filho morresse numa guerra. Já ocorreram milhares de guerras, e mães e esposas nunca negaram totalmente os meios que conduzem à guerra. Você chora de agonia e apoia, contra sua vontade, os sistemas que produzem a guerra. O amor não conhece violência.

Um homem explicou por que estava se separando de sua esposa. "Nós nos casamos muito jovens, e depois de alguns anos as coisas começaram a dar errado em todos os sentidos, sexual e psicologicamente; parecíamos inadequados um para o outro. No entanto, nós nos amávamos no começo e, aos poucos, isso foi se transformando em ódio; a separação se tornou necessária, e os advogados estão cuidando disso."

O amor é prazer e a insistência do desejo? O amor é sensação física? A atração e seu preenchimento são amor? Amor é uma mercadoria do pensamento? Algo inventado acidental e circunstancialmente? É companheirismo, gentileza e amizade? Se qualquer uma dessas coisas se apresenta como a mais importante, então não é amor. O amor é tão definitivo quanto a morte.

Há uma trilha que leva até o alto das montanhas, por meio de bosques, prados e campos abertos. E há um banco antes de a subida começar, no qual um velho casal está sentado, observando o vale ensolarado. Eles vêm lá com bastante frequência e sentam-se ali sem dizer uma palavra, observando silenciosamente a beleza da terra. Eles esperam a chegada da morte. E a trilha segue em direção às partes nevadas.

10 de outubro de 1973

As chuvas haviam chegado e em seguida passaram, e as grandes pedras brilhavam ao sol da manhã. Os leitos dos rios estavam cheios, e a terra se rejubilava mais uma vez. O solo estava mais avermelhado, cada arbusto e folha de grama ainda mais verdes, e as árvores de raízes profundas estavam produzindo novas folhas. O gado estava ficando mais gordo e os moradores, menos magros. Essas montanhas são tão antigas quanto a terra, e as enormes rochas parecem ter sido cuidadosamente equilibradas ali. Há uma montanha a leste que tem o formato de uma grande plataforma, sobre a qual um templo quadrado foi construído. As crianças da aldeia caminhavam vários quilômetros para aprender a ler e escrever; ali estava uma criança pequena, sozinha, com um rosto brilhante, indo para a escola no vilarejo vizinho, um livro numa das mãos e um pouco de comida na outra. Ela parou quando passamos, tímida e curiosa; se permanecesse mais tempo, chegaria atrasada para a escola. Os campos de arroz estavam surpreendentemente verdes. Foi uma manhã longa e apaziguante.

Dois corvos brigavam no ar, grasnando e ferindo-se um ao outro; como não tinham apoio suficiente no ar, eles desceram ao solo, digladiando-se mutuamente. No chão, penas começaram a voar e o embate se agravou. De repente, cerca de uma dúzia de outros corvos desceu sobre eles e pôs um fim à luta. Depois de muito grasnar e ralhar como se os repreendessem, todos desapareceram por entre as árvores.

A violência está em toda parte, entre os mais educados e os mais primitivos, entre os intelectuais e os sentimentalistas. Nem a educação nem as religiões organizadas foram capazes de domar o homem; pelo contrário, elas foram responsáveis por guerras, torturas, campos de concentração e matança de animais na terra e no mar. Quanto mais o homem progride, mais cruel parece se tornar. A política se transformou em organizações criminosas que competem mutuamente; o nacionalismo causou guerra; há guerras econômicas; ódios pessoais e violência. O homem parece não aprender com a experiência e o conhecimento, e a violência nas suas mais variadas formas segue se perpetuando. Que lugar o conhecimento tem na transformação do homem e da sociedade?

A energia despendida na acumulação de conhecimento não transformou o homem; não colocou fim à violência. A energia direcionada a milhares de explicações do motivo pelo qual somos tão agressivos, brutais, insensíveis não colocou um fim à sua crueldade. A energia gasta na análise das causas da nossa destruição insana, do nosso prazer na violência, no sadismo, na atividade de intimidação, de modo algum transformou o homem num ser humano atencioso e amável. Apesar de todos os livros e palavras, ameaças e punições, o homem continua a ser violento.

A violência não está apenas na matança, na bomba, na mudança revolucionária mediante o derramamento de sangue; ela é mais profunda e sutil. O conformismo e a imitação são as indicações de violência; imposição e aceitação de uma autoridade são indicativos de violência; ambição e competição são expressões dessa agressão e crueldade, e a comparação origina a inveja, com sua animosidade e ódio. Onde existir conflito – seja interno, seja externo – haverá terreno propício para a violência. A divisão, em todas as suas formas, provoca conflito e dor.

Você sabe de tudo isso; leu sobre as ações resultantes da violência, observou isso em si mesmo e ao seu redor, e ouviu falar disso. Você tem conhecimento de tudo isso e talvez ainda mais, e ainda assim a violência não chegou a um fim. Por quê? As explicações e as causas do comportamento violento não têm significado real. Se você está concordando tacitamente com elas, está desperdiçando a energia de que necessita para transcender a violência. Você precisa da totalidade de sua energia para descobrir e ir além da energia que está sendo desperdiçada na violência. Controlar a violência é outra forma de violência, pois o controlador é o próprio objeto que o controla. Na atenção plena há energia em sua totalidade, e a violência em todas as suas formas chega ao fim. Atenção não é uma palavra ou fórmula abstrata de pensamento, mas uma ação cotidiana. Ação não é uma ideologia, pois, se a ação se originar a partir dela, então ela conduzirá à violência.

Após as chuvas, o rio flui contornando cada pedra, por entre cidades e vilarejos, e, por mais poluído que esteja, seu movimento vai limpando a si mesmo, seguindo por vales, desfiladeiros e prados.

12 de outubro de 1973

Mais uma vez, um guru bem conhecido veio visitá-lo. Sentamos próximo a um lindo jardim murado; o gramado vicejava e mostrava-se bem cuidado. Havia roseiras, ervilhas doces, cravos amarelos brilhantes e outras flores do norte oriental. O muro e as árvores bloqueavam o barulho dos poucos carros que passavam ali perto; o ar estava carregado com o perfume de muitas flores. À noite, uma família de chacais saía de seu esconderijo sob uma árvore; eles haviam cavado um buraco largo onde a mãe criava seus três filhotes. Era um bando com uma aparência saudável e logo após o pôr do sol a mãe saía com eles, mantendo-se perto das árvores. O lixo ficava atrás da casa, e mais tarde eles iriam procurar algo ali. Havia também uma família de mangustos; todas as noites, a mãe, com seu focinho rosado e sua cauda longa e grossa, saía de seu esconderijo seguida de seus dois filhotes, um atrás do outro, mantendo-se próximos do muro. Eles também iam até o fundo da cozinha, onde às vezes deixavam alguma coisa para eles. Os mangustos mantinham o quintal livre de cobras. Eles e os chacais pareciam nunca ter se encontrado; mas, se tivessem, eles deixariam um ao outro em paz.

O guru havia anunciado alguns dias antes que gostaria de fazer-lhe uma visita. Ele chegou, e seus discípulos o sucederam em sequência, um após o outro. Eles tocaram seus pés como um sinal de grande respeito. Quiseram tocar os pés do outro homem também, mas ele não permitiu que fizessem isso; disse que seria algo degradante, mas a tradição e a esperança pelo paraíso eram muito arraigadas neles. O guru não entraria na casa, pois havia feito um voto de nunca entrar numa casa de pessoas casadas. O céu apresentava-se com um azul muito intenso naquela manhã, e havia grandes espaços sombreados.

"Você nega ser um guru, mas é um guru dos gurus. Eu o observo desde sua juventude e o que você diz é uma verdade, que poucos compreenderão. Para muitos somos necessários; caso contrário, eles se perderiam. Nossa autoridade salva os tolos. Nós somos os intérpretes, tivemos nossas experiências; *nós sabemos*. A tradição é uma proteção, e apenas alguns poucos podem permanecer sozinhos e encarar a realidade nua. Você está entre os abençoados, mas nós devemos caminhar com a multidão, cantar as suas canções, repetir os nomes sagrados e aspergir água benzida, o que não significa que sejamos totalmente hipócritas. Eles precisam de ajuda, e estamos ali para oferecê-la. O que é, se me é permitido perguntar, essa experiência da realidade absoluta?"

Os discípulos ainda permaneciam entrando e saindo, desinteressados sobre a conversa e indiferentes ao ambiente ao redor, à beleza da flor e da árvore. Alguns deles estavam sentados na grama ouvindo, contando não serem muito perturbados. Uma pessoa culta e refinada está sempre descontente com a sua cultura.

A realidade não é para ser experimentada. Não existe um caminho que leve até ela, e nem uma palavra capaz de exprimir o que ela é; não é algo que deve ser buscado e encontrado. Pela busca, o que se obtém é a corrupção da mente. A própria palavra *verdade* não é a verdade; a descrição não é o que é descrito.

"Os antigos relataram suas experiências, sua realização na meditação, sua supraconsciência e sua realidade sagrada. E, se me permite perguntar, devemos deixar tudo isso de lado e exaltar o seu exemplo?"

Qualquer autoridade em meditação é a própria negação do que ela é. Todo o conhecimento, conceitos e exemplos não têm lugar na meditação. A eliminação completa do meditador, do experimentador, do pensador, é a própria essência da meditação. Essa libertação é a ação diária da meditação. O observador é o passado; ele se consolida no tempo. Seus pensamentos, imagens e sombras estão vinculados ao tempo. Conhecimento é tempo, e a libertação do conhecido é o florescer da meditação. Não existe um sistema e, portanto, não existe uma direção para a verdade ou para a beleza da meditação. Seguir outro, e seu exemplo, a sua palavra, significa banir a verdade. Apenas no espelho das relações você percebe a face daquilo *que é*. O vedor é aquele que está sendo visto. Sem a ordem que a virtude cria, a meditação e as infindáveis afirmações dos outros não têm nenhum significado e são completamente irrelevantes. A verdade não tem uma tradição; não pode ser passada adiante.

Sob o sol, o cheiro das ervilhas doces era muito forte.

13 de outubro de 1973

O avião estava cheio e voávamos suavemente a 12 mil metros de altura. Havíamos ultrapassado o mar e nos aproximávamos da terra; bem abaixo de nós estavam o mar e a terra. Os passageiros não paravam de falar, de beber ou folhear revistas; em seguida, seria passado um filme. Era um grupo barulhento para ser entretido e alimentado; dormiam, ressonavam e se seguravam uns aos outros. A terra logo ficou encoberta por massas de nuvens, de horizonte a horizonte, espaço e profundidade enquanto o barulho daquela tagarelice continuava. Entre a terra e o avião infindáveis nuvens brancas eram vistas e acima delas um céu azul e suave. No assento ao lado de uma janela, você estava inteiramente desperto observando a mudança nas formas das nuvens e a luz branca incidindo sobre elas.

A consciência tem alguma profundidade ou é apenas uma perturbação superficial? O pensamento pode imaginar sua profundidade, pode afirmar que tem profundidade ou apenas considerar essas perturbações superficiais. O próprio pensamento teria alguma profundidade? A consciência é composta do próprio conteúdo; o seu conteúdo é o seu limite. O pensamento é a atividade do que é exterior e, em certos idiomas, o termo pensamento significa "o lado de fora". A importância dada às camadas ocultas da consciência ainda está na superfície, sem qualquer profundidade. O pensamento pode criar para si mesmo um centro, como o ego, o *eu*, e esse centro não tem profundidade alguma; as palavras, por mais que sejam colocadas juntas de modo sutil e perspicaz, não são profundas. O *eu* é uma fabricação do pensamento na palavra e na identificação; o *eu*, que procura profundidade na ação, no campo existencial, não tem nenhum significado; todas as suas tentativas para estabelecer consistência nas relações resultam nas multiplicações das próprias imagens, cujas sombras ele considera profundas, reais. Todas as atividades do pensamento não têm profundidade em si mesmas; seus prazeres, seus medos, a sua dor, estão na superfície. A própria palavra *superfície* indica que há alguma coisa abaixo, um grande volume de água ou algo muito raso. Uma mente rasa ou uma mente profunda são palavras do pensamento, e o pensamento em si é superficial. O volume por trás do pensamento é a experiência, o conhecimento, a memória, coisas que já se foram, apenas para serem lembradas, para serem consideradas ou não.

Bem abaixo de nós, lá na terra, um rio largo se estendia, com suas curvas amplas atravessando fazendas espalhadas; e, nas estradas sinuosas, viam-se formigas rastejando. As montanhas estavam cobertas de neve e os vales, verdejantes com sombras que se aprofundavam. O sol estava bem à frente e se punha sobre o mar enquanto o avião pousava nas emanações e ruídos de uma cidade em expansão.

Haverá algo mais profundo na vida, na existência? Toda relação é superficial? O pensamento pode descobrir algo de maior profundidade? O pensamento é o único instrumento que o homem tem cultivado e refinado – e, quando isso é negado como um meio para a compreensão do aspecto profundo da vida, a mente busca outros meios. Levar uma vida superficial logo se torna cansativo, chato, sem sentido, e disso surge a busca constante pelo prazer, com seus medos, conflitos e violência. Ter a percepção dos fragmentos que o pensamento originou, e sua atividade, como um todo, é a cessação do pensamento. A percepção do todo somente é possível quando o observador, que é um dos fragmentos do pensamento, não está ativo. Então, a ação se traduz na própria relação, e nunca produz conflito e sofrimento.

Apenas o silêncio tem profundidade, assim como o amor. O silêncio não é um movimento do pensamento, nem o amor. Só então as palavras *profundo* e *raso* perdem seu sentido. Não há medidas para o amor nem para o silêncio. O que é passível de mensuração é o pensamento e o tempo. O pensamento é tempo. A mensuração é necessária, mas, quando o pensamento a leva para a ação e às relações, então a confusão e a desordem começam. A ordem não é mensurável, apenas a desordem o é.

O mar e a casa restavam calmos. As montanhas atrás deles, com todas as flores silvestres da primavera, estavam em silêncio.

Roma

17 de outubro de 1973

O verão havia sido quente e seco, com chuvas ocasionais; os gramados começavam a ficar amarronzados, mas as árvores altas, com sua densa folhagem, estavam felizes com suas flores se abrindo. A terra não via um verão assim fazia anos e os fazendeiros estavam contentes. Nas cidades, as condições eram terríveis: ar poluído, calor e ruas lotadas. As castanhas já estavam ficando ligeiramente marrons, e os parques estavam lotados de pessoas, com crianças correndo e gritando por toda parte. Na área rural tudo era muito bonito; sempre existe paz no campo, e o pequeno e estreito rio, com cisnes e patos, criava um ambiente de encantamento. Enquanto nas cidades o romantismo e o sentimentalismo estivessem como que aprisionados, aqui, no interior do campo, entre árvores, prados e riachos, havia beleza e deleite.

Havia uma estrada que atravessava a floresta entremeada com áreas sombreadas, e cada folha mostrava aquela beleza, mesmo nas folhas nascendo ou em cada lâmina de grama. Beleza não é uma palavra, nem uma reação emocional; não é algo suave, que possa ser distorcido ou moldado pelo pensamento. Quando a beleza se presencia, todo movimento e ação, seja qual for o tipo de relação, é inteiro, sadio e sagrado. Quando essa beleza e esse amor não existem, o mundo enlouquece.

Na pequena tela, o pregador, entre gestos e palavras cuidadosamente treinados, dizia que sabia que o seu salvador, o único salvador, estava vivo. Que, se ele não estivesse vivo, não haveria esperança para o mundo. A forma agressiva como gesticulava seu braço afastava quaisquer dúvidas ou questionamentos, pois ele afirmava que você devia defender o que ele pregava, e o conhecimento dele deve ser também o seu conhecimento, sua convicção. O movimento calculado de seus braços e o direcionamento das suas palavras eram a substância e o encorajamento para sua audiência – composta de jovens e velhos –, que estava ali boquiaberta, enfeitiçada e reverenciando a projeção de sua mente. Uma guerra tinha acabado de começar, e nem o pregador nem sua grande plateia se importavam com isso, pois as guerras sempre ocorrem, além de ser algo que já faz parte da cultura de todos eles.

Um pouco mais tarde, na mesma tela, foi mostrado o que os cientistas estavam fazendo, suas invenções maravilhosas, seu extraordinário controle espacial, o mundo do futuro, as novas e complexas máquinas; as explicações de como as células são formadas, os experimentos que estão sendo feitos com animais, parasitas e moscas. O estudo do comportamento dos animais foi cuidadosa e divertidamente explicado. Com esse estudo, os pesquisadores poderão entender melhor o comportamento humano.

Os resquícios de uma antiga civilização foram explicados; as escavações, os vasos, os mosaicos preservados com zelo, as paredes em ruínas; o mundo maravilhoso do passado, seus templos, suas glórias. Muitos e muitos volumes já foram escritos sobre as riquezas, pinturas, crueldades e grandezas do passado, seus reis e seus escravizados.

Um pouco mais tarde, a guerra real que estava acontecendo no deserto foi mostrada, e entre as montanhas cobertas por matas estavam os enormes tanques e os jatos voando baixo, o barulho e a matança calculada. Os políticos falando sobre a paz, mas encorajando a guerra em todas as regiões. Mulheres chorando foram mostradas e os feridos em desespero, crianças acenando com bandeiras e sacerdotes entoando bênçãos.

As lágrimas da humanidade não lavaram nosso desejo humano de matar. As religiões não puseram fim à guerra; pelo contrário, elas a encorajaram, abençoaram seus armamentos, dividiram as pessoas. Governos se isolam e zelam pela sua soberania. Cientistas são apoiados por governos. O pregador está perdido entre suas palavras e projeções.

Você vai chorar, mas acabará educando seus filhos para matarem e serem mortos. E você aceita isso como algo normal da vida. Seu único compromisso é com a própria segurança; este é o seu deus e o seu sofrimento. Você cuida de seus filhos com tanto cuidado, com tanta generosidade, mas em seguida se vê tão disposto e entusiasmado a deixá-los serem mortos. Na tela, eles mostraram filhotes de focas, com olhos enormes, sendo mortos.

A função da cultura é transformar o homem em sua totalidade.

Do outro lado do rio, patos-mandarins batiam suas asas na água, perseguindo uns aos outros, e as sombras das árvores refletiam sobre a água.

18 de outubro de 1973

Há uma longa oração pela paz em sânscrito. Foi escrita há muitos séculos por alguém para quem a paz era uma absoluta necessidade, e talvez sua vida cotidiana estivesse arraigada nisso. Ela foi escrita antes do traiçoeiro veneno do nacionalismo, do poder imoral do dinheiro e da obsessão pelo materialismo trazidos pela Era Industrial. A oração é por uma paz que seja duradoura:

> *Que haja paz entre os deuses, no céu e entre todas as estrelas. Que haja paz na terra, entre os homens e os animais de quatro patas. Que não maltratemos uns aos outros. Que sejamos generosos uns com os outros. Que possamos expressar aquela inteligência que guiará nossa vida e ação. Que haja paz em nossa oração, em nossos lábios e em nossos corações.*

Nessa paz, não há menção sobre a individualidade; isso veio muito depois. Existimos nós, tão somente – nossa paz, nossa inteligência, nosso conhecimento, nossa iluminação. O som dos cânticos sânscritos parece ter um efeito estranho. Em um templo, cerca de cinquenta sacerdotes entoavam cânticos em sânscrito, e tinha-se a impressão de as próprias paredes estarem vibrando.

Há uma trilha que atravessa aquele campo verdejante, através de uma floresta ensolarada, e que segue adiante. É raro alguém vir a esses bosques, entremeado de clareiras e áreas sombreadas. É um lugar cheio de paz, silencioso e isolado. Há esquilos e ocasionalmente aparece um tímido cervo, vigilante, que segue correndo para longe; sobre um galho os esquilos observam você e às vezes reclamam. Essas florestas têm o perfume do verão e o cheiro de terra úmida. Há imensas árvores, anciãs e carregadas de musgo; elas o acolhem, e você pode sentir o calor de suas boas-vindas. Cada vez que você se senta lá e olha para cima, através dos galhos e folhas, para o maravilhoso céu azul, aquela paz e aquele acolhimento estão ali aguardando por você.

Você visitou com outras pessoas aquela floresta, mas havia indiferença e um distanciamento; as pessoas ficavam conversando, indiferentes e desatentas à grandiosidade e à majestade daquelas árvores; as pessoas não estabeleceram nenhuma relação com elas e, portanto, muito provavelmente, também nenhuma relação entre elas. A relação entre as árvores e você era completa e imediata; elas e você eram amigos; assim, você era amigo de cada árvore, arbusto e flor sobre o solo. Você não estava ali para destruir, e havia paz entre aqueles seres e você.

A paz não é um intervalo entre o fim e o começo de um conflito, de uma dor, de um sofrimento. Não há um governo que possa trazer a paz; a paz que promovem é a da corrupção e da deterioração. A ordem criada pelo governo de um povo provoca degeneração, pois não está preocupada com todas as pessoas da terra. As tiranias nunca podem manter a paz, pois destroem a liberdade: paz e liberdade andam juntas. Matar outro alguém pela paz é a estupidez das ideologias. Você não pode comprar a paz; não é uma invenção de um intelecto; algo que possa ser comprado por meio de oração, por intermédio de uma barganha. A paz não está em algum edifício sagrado, em nenhum livro, em nenhuma pessoa. Ninguém pode levar você até ela, nenhum guru, sacerdote, símbolo.

Na meditação, sim. A meditação em si é o movimento da paz. Não é um fim a ser alcançado; não é algo construído pelo pensamento ou pela palavra. A ação da meditação é a inteligência. Meditação não é nenhuma dessas coisas que lhe foram ensinadas ou que tenha experimentado. Abandonar o que você aprendeu ou experimentou é meditação. Encontrar-se livre do experimentador é meditação. Quando não há paz no relacionar-se, não há paz na meditação; é uma fuga para a ilusão e os sonhos fantasiosos. A meditação não pode ser demonstrada ou descrita. Não se pode ser um juiz da paz. Você pode ter a percepção dela, se ela estiver ali, através das atividades da sua vida diária, na ordem, na virtuosidade da sua vida.

Nuvens pesadas e a neblina estavam presentes naquela manhã; ia chover. Levaria vários dias para ver o céu azul novamente. Mas, quando você voltou àquela floresta, em nada havia diminuído aquela paz e aquele acolhimento. Havia uma quietude absoluta e uma paz acima da compreensão. Os esquilos se escondiam e os grilos nos campos estavam silenciosos; e, para além das montanhas e dos vales, estava o mar agitado.

19 de outubro de 1973

O bosque permanecia adormecido; a trilha que o atravessava era sinuosa e escura. Não havia nada ali se movendo. O longo crepúsculo ia desaparecendo e o silêncio da noite cobria a terra. O pequeno riacho murmurante, tão insistente durante o dia, estava cedendo à quietude da noite que se aproximava. Através das pequenas aberturas entre as folhas estavam as estrelas, brilhantes e muito próximas. A escuridão da noite é tão necessária quanto a luz do dia. As árvores acolhedoras estavam recolhidas em si mesmas e distantes; elas estavam por toda parte, mas eram alheias e inatingíveis; estavam repousando e não deveriam ser perturbadas. Nessa silenciosa escuridão, havia crescimento e florescimento, numa reunião de forças para enfrentar o dia vibrante. A noite e o dia são essenciais; ambos dão vida e energia a todos os seres vivos. O ser humano é o único a desperdiçar isso.

O sono é muito importante, um sono sem muitos sonhos e sem se agitar muito. Durante o sono, muitas coisas acontecem no organismo físico, no cérebro; e a mente é o cérebro, o coração e o organismo; eles são partes de um todo, um movimento unitário. Para toda essa estrutura, o sono também é essencial. No sono, ordem, ajustes e percepções mais profundas acontecem. Quanto maior o silêncio no cérebro, mais profundo é o *insight*, a percepção.

O cérebro precisa de segurança e ordem para funcionar harmoniosamente, sem qualquer atrito ou resistência. A noite fornece isso e, durante o sono calmo e tranquilo, ocorrem movimentos, estados, que o pensamento jamais pode alcançar. Sonhos são perturbações; eles distorcem a percepção total. A mente rejuvenesce durante o sono.

Você pode dizer que os sonhos são necessários; que, se alguém não sonha, pode enlouquecer; que eles são úteis, reveladores. Existem sonhos superficiais, sem muito significado; existem sonhos significativos, e também há um estado no qual os sonhos não ocorrem. Os sonhos são a expressão da nossa vida diária em diferentes formas e símbolos. Se não houver harmonia e ordem em nossa vida diária de relações, então os sonhos serão uma continuação dessa desordem. O cérebro, durante o sono, tenta trazer ordem a partir dessa confusa contradição. Nessa luta constante entre ordem e desordem, o cérebro se desgasta. Entretanto, ele deve ter segurança e ordem para funcionar, e assim as crenças, ideologias e outros conceitos neuróticos se tornam necessários. Transformar a noite em dia é um desses hábitos neuróticos; as futilidades que acontecem no mundo moderno ao anoitecer são fugas do dia a dia rotineiro e entediante.

A percepção total da desordem nas relações tanto no nível privado quanto público, pessoais ou distantes, a percepção do *que é*, sem que haja um julgamento, durante as horas conscientes ao longo o dia, traz ordem à desordem. Desse modo, o cérebro não precisa buscar ordem durante o sono. Então, os sonhos se apresentam simplesmente superficiais, sem um significado irrelevante. A ordem na totalidade da consciência, não apenas no nível consciente, dá-se quando a separação entre o observador e aquilo que é observado cessa por completo. Aquilo *que é* transcende quando o observador, que é o passado, que é o tempo, cessa de existir. O presente ativo, *o que é*, não está aprisionado no tempo como o observador está.

Apenas durante o sono, quando a mente – o cérebro e o organismo – experimenta essa ordem plena, é que se dá a percepção desse estado sem palavras, desse movimento atemporal. Isso não se trata de um sonho idealizado, uma abstração servindo como fuga. É a própria essência da meditação. Ou seja, o cérebro está sempre ativo, acordado ou durante o sono; contudo, o constante entre ordem e desordem o desgasta, exaurindo-o. A ordem é a forma mais elevada de virtude, sensibilidade e inteligência. Quando há essa grande beleza da ordem e harmonia, o cérebro não permanece incessantemente ativo. Certas partes dele precisam carregar a bagagem da memória, mas essa é uma parte muito pequena; o resto do cérebro está livre dos ruídos da experiência. Essa liberdade é a ordem e a harmonia do silêncio. Essa liberdade e o ruído da memória se movem juntos; a inteligência é a ação desse movimento. A meditação é a libertação do conhecido, embora ainda operando no campo do conhecido. Não há um *eu* sendo o operador. Durante o sono ou na vigília, essa meditação permanece.

Lentamente a trilha foi saindo da floresta e, de horizonte em horizonte, o firmamento enchia-se de estrelas. Nos campos, nada se movia.

20 de outubro de 1973

É o ser vivo mais antigo da Terra. É gigantesco em proporção, com sua altura e enorme tronco. Entre outras sequoias, que também eram muito antigas, esta se destacava sobre todas elas; outras árvores tinham sido tocadas pelo fogo, mas esta não tinha quaisquer marcas. Ela sobrevivera às coisas horríveis ocorridas durante a história, às guerras do mundo, todas as trapaças e sofrimentos humanos, ao fogo e aos raios, às tempestades do tempo, incólume, majestosa e completamente isolada, com uma imensa dignidade. Ocorreram incêndios, mas a casca dessas sequoias era capaz de resistir a eles e sobreviver.

Os turistas barulhentos ainda não haviam chegado e você podia ficar sozinho com essa imensa e silenciosa árvore. Ela se elevava aos céus, gigantesca e atemporal, enquanto você se sentava ali sob ela. Os próprios anos que tinha lhes davam a dignidade do silêncio e o distanciamento da antiguidade. Era tão silenciosa quanto sua mente, tão quieta quanto o seu coração, e vivendo sem o peso do tempo. Você podia perceber a compaixão que o tempo nunca houvera afetado e da inocência que jamais conhecera sofrimento e tristeza. Você se sentou ali, e o tempo desapareceu e não voltou mais. Só havia imortalidade, pois a morte nunca existira. Nada existia, exceto aquela imensa árvore, as nuvens e a terra. Você ia até aquela árvore, sentava-se com ela por muitas vezes, e a cada dia era uma bênção da qual você só tinha consciência quando se afastava dali. Você nunca poderia voltar a ela pedindo mais; nunca houve o mais, o "mais" encontrava-se lá embaixo, no vale. E porque não era um santuário construído pela mão do homem, havia uma sacralidade insondável que nunca mais o deixaria, pois não lhe pertencia.

No início da manhã, quando o sol ainda não tocara o topo das árvores, o cervo e o urso estavam ali; nos observávamos mutuamente, com os olhos bem abertos e curiosos; a terra era o nosso bem comum e o medo estava ausente. Os gaios-azuis e os esquilos vermelhos logo chegariam; o esquilo era manso e amigável. Você tinha nozes no bolso, e ele as pegava da sua mão. Quando o esquilo já tinha comido o suficiente, os dois gaios desciam dos galhos, e a gritaria parava. E assim o dia começava.

No mundo do prazer a sensualidade se tornou uma coisa muito importante. A sensação é ditada e logo o hábito do prazer se instala. Embora possa prejudicar todo o organismo, o prazer domina. O prazer dos sentidos, do pensamento astuto e sutil, das palavras, das imagens da mente e daquelas construídas pela mão, é a cultura da educação, o prazer da violência e o prazer do sexo. O homem é moldado na medida do prazer, e toda a existência, religiosa ou qualquer outra, é a busca de prazer. Os exageros desenfreados do prazer são o resultado de uma conformidade moral e intelectual. Quando a mente não é livre e desperta, a sensualidade se transforma num fator de corrupção, que é o que está acontecendo no mundo moderno – o prazer do dinheiro e do sexo predomina.

Quando o ser humano se transforma numa entidade de segunda mão, a expressão da sensualidade é a sua liberdade. Então, o amor é prazer e desejo.

O entretenimento organizado – seja religioso, seja comercial – trabalha a serviço da imoralidade social e pessoal; você deixa de ser responsável. Responder com inteireza a qualquer desafio é ser responsável, comprometido. Isso não pode acontecer quando a própria essência do pensamento é fragmentária e a busca do prazer, em todas as suas formas óbvias e sutis, é o movimento principal da existência. Prazer não é alegria. Alegria e prazer são coisas completamente diferentes; uma não chega sem ser convidada, enquanto a outra é cultivada, alimentada. Uma se faz presente quando o *eu* não está, e a outra está presa ao tempo; onde uma está, a outra não está. O prazer, o medo e a violência andam juntos; são companheiros inseparáveis. Aprender com a observação é ação; o fazer é ver.

Ao entardecer, quando a escuridão se aproximava, os gaios e os esquilos tinham ido dormir. A estrela vespertina acabava de se tornar visível, e os ruídos do dia e das memórias haviam chegado ao fim. As sequoias gigantes estavam imóveis. Elas continuarão existindo além do tempo. Apenas o homem morre, e a tristeza desse fato.

21 de outubro de 1973

Era uma noite sem lua e o Cruzeiro do Sul aparecia bem nítido sobre as palmeiras. Ainda levaria várias horas para o nascer do sol. Naquela silenciosa escuridão, todas as estrelas estavam muito próximas da Terra e brilhavam intensamente; eram de um azul penetrante, elas nasciam do rio. O Cruzeiro do Sul estava isolado, sem nenhuma outra estrela ao redor. Não havia brisa e a Terra parecia estar parada, fatigada devido às atividades do homem. Depois das chuvas pesadas seria uma manhã maravilhosa, e não existia uma nuvem sequer no horizonte. Órion já se pusera e Vênus apontava no horizonte distante. No bosque, sapos coaxavam no lago próximo; eles ficavam em silêncio por um tempo, em seguida acordavam e começavam de novo. O perfume do jasmim era intenso no ar, e havia um canto ao longe. Mas naquela hora, havia um silêncio de tirar o fôlego, e sua afetuosa beleza presenciava-se na terra. A meditação é o movimento desse silêncio.

No jardim murado, os ruídos do dia começavam. Um bebê estava sendo banhado; lhe era passado óleo com muito cuidado, cada parte dele; um óleo especial para a cabeça e outro para o corpo; cada um tinha a própria fragrância e ambos eram levemente aquecidos. A pequena criança adorava; ela arrulhava com suavidade para si mesma e seu corpinho gordo estava brilhando devido ao óleo. E então era lavado não com sabão, mas com um talco perfumado especial. A criança em nenhum momento chorava; parecia haver muito amor e carinho. Então, era seco e embrulhado com delicadeza em um pano branco limpo, alimentado, e em seguida colocado na cama onde adormeceu de imediato. Ele cresceria para ser educado, treinado para trabalhar, aceitar as tradições, as crenças novas ou antigas, para ter filhos, para suportar o sofrimento e o riso da dor.

Um dia, a mãe se aproximou e perguntou: "O que é o amor? É o cuidado, é a confiança, é a responsabilidade, é o prazer entre um homem e um mulher? É a dor do apego e da solidão?".

Você está criando seu filho com tanto cuidado, com uma energia incansável, dando sua vida e seu tempo. Você se sente, talvez sem saber, responsável. Você o ama. Contudo, o efeito limitante da educação começará, fará com que ele se adapte à punição e a recompense para se encaixar na estrutura social. A educação é o meio aceito para se condicionar a mente. Para que somos educados – para trabalhar de modo ininterrupto e em seguida morrer? Você deu a ele carinho e afeição, e sua responsabilidade termina quando a educação começa? É o amor que o enviará para a guerra para ser morto, depois de todo esse carinho e generosidade? Sua responsabilidade nunca termina, o que não significa interferência. Liberdade é total responsabilidade não apenas para seus filhos, mas para todas as crianças na Terra. O apego e sua dor são amor? O apego dá origem a dor, ciúme e ódio. O apego nasce da nossa superficialidade, carência, solidão. O apego dá uma sensação de pertencimento e identificação com alguma coisa, nos dá uma sensação de realidade, de ser. Quando tudo isso é ameaçado, surgem o medo, o ódio, a inveja. Tudo isso será amor? Dor e sofrimento é amor? O prazer sensorial é amor? A maioria dos seres humanos razoavelmente inteligentes, em teoria, sabe de tudo isso; não é muito complicado. Mas eles não abrem mão disso; transformam esses fatos em ideias e acabam por ficar debatendo em cima de conceitos abstratos. Eles preferem viver com abstrações em vez de lidar com a realidade, com *o que é*.

Na negação do que não é amor, o amor é. Não tenha medo da palavra *negação*. Negue tudo o que não é amor e, então, *o que é* é compaixão. O que você é importa profundamente, pois você é o mundo e o mundo é você. Isso é compaixão.

O amanhecer vinha chegando com lentidão; no horizonte oriental havia uma fraca luminosidade que ia se espalhando, e o Cruzeiro do Sul começou a desaparecer. As árvores assumiram suas formas, os sapos ficaram em silêncio, Vênus se perdeu sob a luz maior e um novo dia começou. O voo dos corvos e as vozes do homem haviam começado, mas as bênçãos daquela fresca manhã ainda estavam por ali.

22 de outubro de 1973

Naquele pequeno barco, seguindo na correnteza calma e lenta do rio, todo o horizonte de norte a sul, de leste a oeste, era visível; não havia uma árvore ou casa que interrompesse a linha do horizonte; não havia uma nuvem flutuando. As margens eram planas, estendendo-se em ambos os lados para dentro da terra e delimitando o largo rio. Havia outros pequenos barcos de pesca; os pescadores se amontoavam em uma das extremidades com suas redes estendidas. Esses homens eram extremamente pacientes. O céu e a terra se encontravam, e o espaço era imenso. Nesse espaço imensurável, a terra e todas as coisas tinham sua existência; até mesmo esse pequeno barco levado pela forte correnteza. Ao redor de uma curva do rio, os horizontes se estendiam até onde os olhos podiam ver, imensuráveis e infinitos. O espaço se tornou inesgotável.

É preciso haver esse espaço para a beleza e a compaixão. Tudo deve ter espaço, os vivos e os mortos, a rocha na montanha e o pássaro voando. Quando não há espaço, há morte. Os pescadores estavam cantando, e o som de sua canção descia junto com o rio. O som precisa de espaço. O som de uma palavra precisa de espaço; a palavra, pronunciada corretamente, cria o próprio espaço. O rio e, também, a árvore distante só podem sobreviver quando têm espaço; sem espaço, todas as coisas fenecem. O rio desapareceu no horizonte, e os pescadores estavam indo para a terra firme. A profunda escuridão da noite estava chegando. A terra repousava de um dia cansativo, e as estrelas refletiam sobre as águas. O imenso espaço foi reduzido a uma pequena casa com muitas paredes. Até mesmo as casas grandes, palácios, têm paredes que se fecham àquele imenso espaço, transformando-o em sua propriedade.

Uma pintura deve ter espaço dentro de si, mesmo que seja colocada numa moldura. Uma estátua só pode existir no espaço. A música cria o espaço de que precisa. O som de uma palavra não apenas cria espaço: ele precisa de espaço para que seja escutado. O pensamento pode imaginar a extensão entre dois pontos, a distância e a medida; o intervalo entre dois pensamentos é o espaço que o próprio pensamento cria. A contínua extensão do tempo, o movimento e o intervalo entre dois movimentos do pensamento precisam de espaço. A consciência está dentro do movimento do tempo e do pensamento. O pensamento e o tempo são mensuráveis entre dois pontos, entre o centro e a periferia. A consciência, ampla ou estreita, existe onde há um centro, o *eu* e o *não eu*.

Todas as coisas precisam de espaço. Se ratos são confinados em um espaço restrito, eles se destruirão mutuamente. Os pequenos pássaros pousados em um fio elétrico à noite têm o espaço necessário entre cada um. Os seres humanos que vivem em cidades superpovoadas estão se tornando violentos. Onde não há espaço, interna e externamente, todas as formas de maldade e degeneração tornam-se inevitáveis. O condicionamento da mente, por meio da chamada educação, religião, tradição e cultura, fornece pouco espaço ao florescimento da mente e do coração. A crença, a experiência de acordo com essa crença, a opinião, o conceito, a palavra, é o *eu*, o ego, o centro que cria o espaço limitado, dentro do qual se situa a consciência. O *eu* tem seu ser e suas atividades dentro do pequeno espaço que criou para si mesmo. Todos os seus problemas e sofrimentos, suas esperanças e desesperos, estão dentro das próprias fronteiras, e não há espaço aí. O conhecido ocupa toda a sua consciência. A consciência é o conhecido. Dentro das fronteiras do conhecido não há solução para todos os problemas que os seres humanos criaram. E, ainda assim, eles não abrem mão disso; eles se agarram ao conhecido ou inventam o desconhecido, na esperança de que isso venha a resolver seus problemas. O espaço que o *eu* construiu para si mesmo é o seu sofrimento e a dor do prazer. Os deuses não lhe dão espaço, pois o espaço deles é o seu. Esse vasto e imensurável espaço está fora das medidas do pensamento, o pensamento é o conhecido. A meditação é o esvaziamento da consciência do seu conteúdo, do conhecido, do *eu*.

Lentamente, os remos impulsionaram o barco rio acima naquele rio adormecido. A luz de uma casa apontava-lhe a direção. Havia sido um longo entardecer. O pôr do sol era dourado, verde e laranja, e fazia uma trilha dourada sobre aquelas águas.

24 de outubro de 1973

Na parte baixa do vale viam-se as luzes opacas de um pequeno vilarejo. Estava escuro, e a trilha era irregular e cheia de pedras. As linhas sinuosas das montanhas contra o céu estrelado contrastavam profundamente na escuridão, enquanto um coiote uivava em algum lugar próximo. O caminho havia perdido sua familiaridade, e uma brisa perfumada subia pelo vale. Estar sozinho naquela solidão era poder ouvir a voz do intenso silêncio e sua imensa beleza. Algum animal fazia barulho entre os arbustos, com medo de chamar a atenção. Estava muito escuro agora, e o mundo daquele vale se transformou num profundo silêncio. O ar noturno tinha cheiros especiais, uma mistura de todos os arbustos que crescem naqueles morros ressequidos, aquele aroma intenso de arbustos que convivem com o sol escaldante. As chuvas haviam cessado vários meses atrás, e não choveria outra vez por muito tempo; o caminho estava seco e com muita poeira.

O grande silêncio, com o seu vasto espaço, sustentava a noite e cada movimento do pensamento se aquietou. A própria mente era esse espaço imensurável e, naquela profunda quietude, não havia uma única coisa que o pensamento tivesse construído. Ser nada em absoluto é estar além de toda e qualquer medida. A trilha descia por uma ladeira íngreme e um pequeno riacho falava muitas coisas, inebriado em seu ruído. Ele cruzava o caminho várias vezes e os dois brincavam juntos como que se entretendo. As estrelas estavam muito próximas e algumas miravam para baixo do topo das montanhas. Ainda assim, as luzes do vilarejo encontravam-se muito distantes e as estrelas iam desaparecendo por sobre aqueles altos picos. Esteja em solitude, sem palavras e pensamentos, apenas observando e ouvindo. O grande silêncio mostra que sem ele a existência perde seu profundo significado e beleza.

Ser uma luz para si mesmo nega qualquer experiência. Aquele que está experimentando como experimentador precisa da experiência para existir, e, seja ela profunda, seja ela superficial, a necessidade de experimentar vai se tornando cada vez maior. Experiência é conhecimento, é tradição, e o experimentador se divide para discernir entre o que é prazeroso e o que é doloroso, o que conforta e o que perturba. O crente experimenta de acordo com sua crença e seu condicionamento. Essas experiências partem do conhecido, pois o reconhecimento é essencial; sem ele não há experiência. Toda experiência deixa uma marca, a menos que ela tenha um fim no momento em que surja. Toda resposta a um desafio é uma experiência, mas, quando a resposta se origina do conhecido, o desafio perde seu ineditismo e vitalidade; então, há conflito, perturbação e atividade neurótica. A própria natureza do desafio é questionar, perturbar, despertar, compreender. Mas, quando esse desafio é traduzido para o passado, o presente é evitado.

A convicção da experiência é a negação da investigação. Inteligência é a liberdade de questionar, de investigar o *eu* e o *não eu*, o interior e o exterior. Crenças, ideologias e a autoridade impedem o *insight*, a percepção imediata, que emerge apenas com a libertação. O desejo por experiências de qualquer natureza há de ser superficial ou sensorial, reconfortante ou prazeroso, pois o desejo, não importa o quão intenso seja, é o iniciador do pensamento, e o pensamento é o campo exterior. O pensamento pode até organizar o mundo interior, mas ainda assim é uma externalidade. O pensamento jamais encontrará o novo, pois é o velho, e nunca é livre. A verdadeira liberdade está além do pensamento. Toda a atividade do pensamento não é amor.

Ser uma luz para si mesmo é ser luz para todos os outros. Ser uma luz para si mesmo é para a mente estar livre de desafios e respostas, pois a mente estará então desperta, atenta. Essa atenção não tem um centro, alguém que está atento, portanto não tem fronteiras. Enquanto houver um centro, um *eu*, tem de haver desafio e resposta, adequados ou inadequados, prazerosos ou tristes. O centro jamais poderá ser uma luz para si mesmo; sua luz é a luz artificial do pensamento, com muitas sombras. A compaixão não é uma sombra do pensamento, mas é luz, que não pertence a você nem a ninguém.

A trilha gradualmente foi adentrando no vale, e o riacho que atravessava a pequena vila seguia para se juntar ao mar. Contudo, aquelas montanhas permaneciam imutáveis, e o pio de uma coruja era a resposta para outra. E havia espaço para o silêncio.

25 de outubro de 1973

Sentado naquela pedra, próximo ao pomar de laranjeiras, o vale se espalhava e desaparecia nas curvas das montanhas. Era de manhã cedo e as sombras eram extensas, suaves e abertas. As codornizes faziam seu chamado com sons agudos e a pomba arrulhava uma canção tristonha, num ritmo suave e doce, ao raiar do dia. Os pássaros zombeteiros voavam em círculos, dando cambalhotas pelo ar, encantando o mundo. Uma grande tarântula, peluda e escura, saiu com lentidão de debaixo de uma pedra, parou, sentiu o ar da manhã e seguiu seu caminho sem pressa. As laranjeiras estavam plantadas em longas linhas retas, em sucessivos talhões, com seus frutos brilhantes e flores frescas – flores e frutos na mesma árvore ao mesmo tempo. O aroma dessas flores era discretamente penetrante e, com o calor do sol, o perfume ficava mais profundo e intenso. O céu era de um azul muito vivo e suave, e todas as montanhas e morros ainda dormiam.

Era uma manhã deliciosa, fria e fresca, com aquela estranha beleza que o ser humano ainda não havia destruído. Os lagartos saíam e buscavam um lugar quente ao sol; eles se esticavam para aquecer suas barrigas, e viravam suas longas caudas para o lado. Era uma manhã feliz, e a luz suave cobria a terra e a beleza infinita da vida. A meditação é a essência dessa beleza, manifesta ou silenciosa.

Ao manifestar-se, ela toma forma e substância; silenciosa, não pode ser expressa em palavras, forma ou cor. A partir do silêncio, a manifestação, a ação, é beleza e totalidade, e toda luta e conflito deixam de existir. Os lagartos estavam se movendo em direção à sombra e os beija-flores e as abelhas circulavam entre as flores.

Sem paixão não há criação. Quando a entrega é total, a paixão é infinita. A entrega motivada por algo é uma coisa, e desprovida de um propósito, sem uma expectativa, é outra. Aquilo que tem uma finalidade, um direcionamento, é efêmero, acaba por tornar-se maléfico, comercial, vulgar. Enquanto o que não é movido por nenhuma causa, intenção ou ganho não tem começo nem fim. Esse desapego é o esvaziamento da mente do *eu*, o desaparecimento de si mesmo, do ego. Esse *eu* pode se perder em alguma atividade, em alguma crença confortável ou um sonho fantasioso, mas tal perda em realidade é a continuação do ego sob outra forma, identificando-se com alguma outra ideologia ou ação. Abandonar o ego não é um ato da vontade, pois a vontade é o próprio ego. Qualquer movimento do eu, horizontal ou verticalmente, em qualquer direção, ainda está dentro do campo do tempo e do sofrimento.

O pensamento pode entregar-se a alguma coisa sana ou insana, razoável ou estúpida, mas, sendo fragmentado na própria estrutura e natureza, o próprio entusiasmo e excitação logo se transformam em prazer e medo. Nessa área, o abandono do eu é ilusório, com pouco significado. A compreensão de tudo isso é o despertar para a percepção das atividades do ego; nessa atenção não há um centro, não há um eu. O impulso para expressar-se a si mesmo no sentido de uma identificação é o resultado da confusão e de uma falta de sentido da existência. Buscar um sentido é o começo da fragmentação; o pensamento pode e dá milhares de significados à vida, cada um deles inventando os próprios significados, que são meramente opiniões e convicções, e elas são infindáveis. O próprio viver é o inteiro sentido *per se*, mas, quando a vida é um conflito, uma luta, um campo de batalha envolvendo ambição, competição, culto ao sucesso, busca por poder e posição, então a vida não apresenta sentido algum.

O que significa a necessidade de expressão? A criação está na coisa produzida? A coisa produzida pela mão ou pela mente, por mais bonita ou utilitária que seja – é isso que se busca? A paixão que acontece quando não existe o eu precisa de expressão? Quando existe uma necessidade, uma compulsão, há a paixão da criação? Enquanto houver separação entre o criador e aquilo que é criado, a beleza e o amor desaparecem. Você pode produzir algo esmerado, seja em cores, seja num bloco de pedra; no entanto, se sua vida cotidiana contradiz essa excelência suprema – o abandono total do eu –, tudo o que você produzir se resumirá em algo para admiração e vulgaridade. O próprio viver é a cor, a beleza e sua expressão. Nada mais se faz necessário.

Ao largo, as sombras iam se aproximando, e as codornizes estavam silenciosas. Havia apenas as rochas, as laranjeiras com suas flores e frutos, as maravilhosas montanhas e a terra abundante.

29 de outubro de 1973

De todos os pomares de laranja, aquele era muito bem cuidado – fileira após fileira de árvores jovens, fortes e com folhas que brilhavam ao sol. O solo era bom, bem regado, bem cuidado e adubado. Era uma bela manhã com um céu límpido e azul, e a brisa quente era suavemente agradável. Por entre os arbustos as codornizes se agitavam, soltando seus agudos chamados; um gavião que pairava no ar, imóvel, logo desceu para pousar no galho de uma laranjeira próxima, recolhendo-se para dormir. Estava tão próximo que as garras, as pintas em suas impressionantes penas e o bico afiado eram claramente visíveis; estava ao alcance de um braço. No começo da manhã, ele estava ao longo de uma aleia de acácias, e os pequenos pássaros alardeavam um sinal de perigo.

Sob os arbustos, duas cobras-rei, com seus anéis marrom-escuros ao longo do corpo, enrolavam-se uma na outra e, enquanto passavam por perto, elas permaneciam completamente alheias à presença humana. Elas ficavam numa prateleira do galpão, com seus olhos escuros e brilhantes, esticadas e observando à espera de ratos. Olhavam sem piscar, pois não tinham pálpebras. Elas deviam estar ali durante toda a noite, e agora se moviam entre os arbustos. Elas estavam em seu território, e podiam ser vistas com frequência. Ao apanhar uma delas, percebeu um toque frio ao se enrolar em seu braço. Todos os seres vivos parecem ter a própria ordem, disciplina e maneira peculiar de brincar e expressar sua alegria.

O materialismo, segundo o qual se considera que nada existe além da matéria, é a atividade predominante e persistente dos seres humanos, tanto daqueles que são ricos quanto dos que não o são. Grande parte do mundo é dedicada ao materialismo; a estrutura da sociedade é fundamentada nessa fórmula, com todas as suas consequências. Há outros grupos também materialistas, mas que seguem princípios idealistas quando lhes são convenientes, e que podem também ser descartados em nome de racionalidade e da necessidade. Ao mudar o meio ambiente, violenta ou lentamente, em nome da revolução ou da evolução, o comportamento do homem se altera de acordo com a cultura em que ele vive. Esse é um conflito ancestral entre aqueles que acreditam que o ser humano é matéria e aqueles que buscam o espírito. Essa divisão tem causado muita confusão, ilusão e sofrimento ao homem.

O pensamento é material e toda a sua atividade, interna ou externa, pertence ao campo material. O pensamento é mensurável e, portanto, é tempo. Dentro desse limite, a consciência é matéria. A consciência é o seu conteúdo; o conteúdo é consciência; eles são inseparáveis. O conteúdo compõe-se das muitas coisas que o pensamento acumulou: o passado modificando o presente, que é o futuro, que é o tempo. O tempo é o movimento dentro da área da consciência, seja expandida, seja limitada. Pensamento é memória, experiência e conhecimento, e essa memória, com suas imagens e sombras, é o ego, o *eu* e o *não eu*, *nós* e *eles*. A divisão em sua essência é o *eu*, com todos os seus atributos e qualidades.

O materialismo apenas fortalece e engrandece o *eu*. O ego é que se identifica com o Estado, com uma ideologia, com atividades do *não eu*, religiosas ou seculares, mas continua sendo sempre o eu. Suas crenças são autoprojetadas, assim como os seus prazeres e medos. O pensamento, por sua natureza e estrutura, é fragmentário, e o conflito e a guerra estão entre os seus muitos fragmentos, assim como as nacionalidades, raças e ideologias. A humanidade materialista se destruirá, a menos que o eu seja abandonado.

O desapego ao ego é sempre de suma importância. Apenas a partir dessa revolução é que uma nova sociedade pode ser construída. O abandono do ego é amor, compaixão: paixão por todos – pelos que passam fome, pelos que sofrem, pelos sem-teto, pelos materialistas e pelos que creem. O amor não é sentimentalismo nem romantismo; é tão forte e definitivo quanto a morte.

Lentamente, a neblina que vinha do mar subiu por sobre as montanhas ocidentais, feito ondas enormes; ela se dobrou sobre aquelas montanhas e desceu rumo ao vale, e logo chegaria aqui em cima. Ficaria mais frio tão logo com a escuridão da noite que se aproximava. Não havia estrelas, e um completo silêncio ocorreria. Esse é o real silêncio, e não aquele silêncio que o pensamento cultiva e no qual não há espaço.

Malibu

1º de abril de 1975

Mesmo cedo, naquela manhã o sol já estava quente e ardendo. Nenhuma brisa soprava e folha alguma se movia. No antigo templo o ar estava fresco e agradável; os pés descalços sentiam as sólidas placas de pedra, suas formas e irregularidades. Ao longo de um milênio, muitos milhares de pessoas devem ter caminhado sobre elas. Após a claridade do sol da manhã ali ficava escuro, e nos corredores havia poucas pessoas. Na passagem mais estreita estava ainda mais escuro. Essa passagem levava a um amplo corredor que conduzia ao santuário interno. Havia um cheiro forte e secular de flores e incenso.

Cem brâmanes recém-banhados, em tangas brancas recém-lavadas, estavam cantando. O sânscrito é uma língua poderosa e reverbera profundamente. As antigas paredes estavam vibrando, quase tremendo ao som de uma centena de vozes. A dignidade do som era incrível, e a sacralidade do momento estava além das palavras. Não eram as palavras que despertavam essa imensidão, mas a profundidade do som, o som de muitos milhares de anos contidos dentro nessas paredes e no espaço imensurável além delas. Não era o significado das palavras, nem a clareza com que eram pronunciadas, nem aquela beleza sombria do templo, mas a qualidade de um som que rompia as paredes e as limitações da mente humana. O canto de um pássaro, uma flauta distante, uma brisa soprando por entre as folhas – esses sons também derrubam as paredes que os seres humanos criaram para si mesmos.

Nas grandes catedrais e nas graciosas mesquitas, os cantos e a entoação de seus textos sagrados são o som que abre o coração para a lágrima e a beleza. Se não há espaço, não há beleza; na ausência de espaço, você tem apenas paredes e medidas; não havendo espaço, não há profundidade; sem espaço, só existem pobreza, interior e exterior. Você tem tão pouco espaço em sua mente; ela está tão abarrotada de palavras, lembranças, conhecimento, experiências e problemas. Quase não resta nenhum espaço ali, apenas a interminável tagarelice do pensamento. E é assim que seus museus são preenchidos e suas prateleiras se atulham de livros. É por isso que você lota os lugares de entretenimento, sejam eles religiosos ou não. Ou então você constrói paredes ao seu redor, um limitado espaço de maldade e dor. Sem espaço, interior e exterior, você se torna violento e torpe.

Tudo necessita de espaço para viver, para brincar e para cantar. Aquilo que é sagrado não pode viver sem espaço. Você não tem espaço quando se apega, quando há sofrimento, quando você é o centro do universo. O espaço que você ocupa é o mesmo espaço que o pensamento construiu em torno de si, e isso significa confusão e sofrimento. O espaço que o pensamento mede é a divisão entre você e eu, nós e eles. Essa divisão é dor infinita.

Naquele imenso campo, verdejante e aberto, está lá uma árvore solitária.

2 de abril de 1975

Aquela não era uma terra com árvores, prados, riachos, flores e alegria. Queimada pelo sol, era uma terra arenosa e com montanhas áridas, sem uma única árvore ou arbusto sequer; uma paisagem desolada, incontáveis quilômetros de terras queimadas. Não se via a presença de um único pássaro, nem mesmo torres de petróleo com suas chamas. A consciência não conseguia suportar tal desolação, e cada morro formava uma sombra estéril. Por muitas horas, voamos sobre essa imensidão vazia até que, por fim, lá estavam picos nevados, florestas e rios, vilarejos e cidades.

Você pode ter muito conhecimento e ser pobre. Quanto mais pobre você for, maior é a demanda por conhecimento. Você expande sua consciência com grande variedade de conhecimentos, acumulando experiências e lembranças e, ainda assim, pode ser imensamente pobre. O uso habilidoso do conhecimento pode lhe trazer riqueza e lhe dar prestígio e poder, mas ainda assim pode haver pobreza. Essa qualidade de pobreza produz insensibilidade; é como se brincasse enquanto a casa está queimando. Essa pobreza apenas fortalece o intelecto ou, no campo das emoções, produz a debilidade de sentimento. É esse tipo de pobreza que promove o desequilíbrio, a falta de harmonia, o conflito na separação entre o que é interno e o que é externo. Não existe o conhecimento interior, apenas o exterior. O conhecimento do externo nos informa erroneamente de que deve existir um conhecimento interior. O autoconhecimento é limitado e superficial; a mente o ultrapassa com rapidez, como se cruzasse um rio. Você faz muito barulho ao atravessar o rio e confundir o barulho com conhecimento do eu é expandir ainda mais a pobreza. Essa expansão da consciência é a atividade da pobreza. Religião, cultura e conhecimento não podem de forma alguma transformar essa miséria.

A habilidade da verdadeira inteligência é colocar o conhecimento em seu devido lugar. Sem conhecimento, não é possível viver nesta civilização cada vez mais tecnológica e quase totalmente mecânica, mas ele não transformará o ser humano e a sociedade em que vive. O conhecimento não é a excelência da inteligência; essa qualidade de inteligência pode e deve usar o conhecimento e, assim, transformar o homem e a sociedade. Essa inteligência não é o mero cultivo do intelecto e de sua integridade. Ela emerge da compreensão total da consciência do ser humano como um todo, de você mesmo, e não de uma parte, de um segmento separado, de si mesmo. O estudo e a compreensão do movimento da própria mente e coração fazem nascer essa inteligência. Você é o conteúdo de sua consciência; ao conhecer a si mesmo, você conhecerá o universo. Esse saber está além da palavra, pois a palavra não é a coisa. A libertação do conhecido, a cada minuto, é a essência da inteligência. É essa inteligência que opera no universo se você a deixar agir *per se*. Você está destruindo essa ordem sagrada com a ignorância de si mesmo. Essa ignorância não se elimina com estudos que outros fizeram sobre você ou sobre eles mesmos. É você mesmo que tem de investigar o conteúdo de sua consciência. Os estudos que outros fizeram sobre eles mesmos, assim como aqueles feitos sobre você mesmo, são as descrições, mas não o descrito. A palavra não é a coisa.

Apenas nas relações você pode conhecer a si mesmo, não numa abstração e muito menos no isolamento. Mesmo em um mosteiro, você se encontra relacionado à sociedade, que fez do mosteiro uma fuga, fechando as portas para a liberdade. O movimento do comportamento é um guia seguro para você mesmo; é um espelho da sua consciência. Esse espelho revelará seu conteúdo: as imagens, os apegos, os medos, a solidão, a alegria e o sofrimento. A pobreza, de fato, está em fugir disso, seja pelas sublimações, seja pelas suas identificações. Negar sem resistência o conteúdo da consciência é a beleza e a compaixão da inteligência.

3 de abril de 1975

Como é extraordinariamente bela uma grande curva de um rio largo. É preciso observá-la de certa altura, nem muito acima nem muito perto, pois ela serpenteia de forma lenta pelos campos verdes. O rio era largo, caudaloso, límpido e de um tom azul. Não estávamos voando a uma grande altitude e podíamos ver a forte correnteza no meio do rio com suas pequenas ondas; nós o seguimos passando por vilarejos e cidades até chegar ao mar. Cada curva tinha a própria beleza, força, movimento. E bem longe dali estavam os grandes picos cobertos de neve, que se mostravam rosados sob a luz da manhã; eles abarcavam o horizonte do lado oriental. O rio largo e aquelas grandes montanhas pareciam conter, por aquele momento, a eternidade – essa sensação avassaladora de um espaço que é atemporal. Embora o avião estivesse voando rumo ao sudeste, naquele espaço não havia direção, nenhum movimento, apenas o que é. Por uma hora inteira, nada mais existia, nem mesmo o ruído das turbinas. Somente quando o capitão anunciou que logo pousaríamos é que aquela hora infinita chegou ao fim. Não havia memória daquela hora, nenhum registro de seu conteúdo; portanto, o pensamento não tinha controle sobre aquele espaço de tempo. Quando acabou, não havia resíduos; a lousa estava limpa mais uma vez. O pensamento não dispunha de meios para cultivar aquela hora e então ele se aprontou para deixar o avião.

O que o pensamento pensa é transformado em realidade aparente, mas não é a verdade. A beleza nunca pode ser a expressão do pensamento. Um pássaro não é feito pelo pensamento, e por isso ele é belo. O amor não é moldado pelo pensamento – e, quando é, ele se transforma em algo bem diferente. O culto ao intelecto e de sua integridade é uma realidade construída pelo pensamento. Mas não é como a compaixão. O pensamento não pode fabricar a compaixão; ele a transforma em uma falsa realidade, uma necessidade, portanto isso nunca pode ser compaixão de fato. O pensamento, por sua natureza, é fragmentário e vivencia um mundo fragmentado, de divisão e conflito. Assim, o conhecimento é fragmentário, e, por mais que seja acumulado, camada após camada, permanecerá sempre sendo fragmentado, em pedaços. O pensamento pode criar algo como uma integração, mas isso também será um fragmento.

A própria palavra *ciência* significa conhecimento, e por meio do conhecimento almejamos ser transformados em um ser humano sadio e feliz. E assim o homem anseia pelo conhecimento de todas as coisas da terra e de si mesmo. Conhecimento não é compaixão, e sem compaixão o conhecimento gera maldade, sofrimento e caos inenarráveis. O conhecimento não pode fazer o ser humano amar ao próximo; ele pode criar guerra e instrumentos de destruição, mas não pode trazer amor ao coração nem paz à mente. Ter compreensão de tudo isso é agir, mas não uma ação baseada na memória e em padrões. O amor não é memória, não é a lembrança de prazeres.

4 de abril de 1975

Aconteceu por acaso de ele ir viver sozinho por alguns meses, em uma pequena casa bastante depauperada, no alto das montanhas, longe de outras casas. Havia muitas árvores e, como era primavera, havia um perfume no ar. Era a solidão das montanhas e da beleza da terra avermelhada. Os picos altos estavam cobertos de neve e algumas árvores estavam floridas. Você vivia sozinho em meio a esse esplendor. A floresta situava-se perto dali, com cervos, eventualmente um urso, aqueles enormes macacos, com caras pretas e caudas longas – e, é claro, também havia serpentes. Na profunda solidão, e de maneira peculiar, você se relacionava com todos eles. Você não podia ferir o que quer que fosse, nem mesmo aquela margarida branca que crescia na trilha. Nesse relacionamento, o espaço entre você e eles não existia; não era algo inventado; não era uma convicção intelectual ou emocional que causava isso, simplesmente era assim.

Sobretudo ao cair da noite, um grupo desses grandes macacos aparecia; alguns no chão, mas a maioria deles permanecia sentada nos galhos das árvores, observando em silêncio. Espantosamente, ficavam parados; e de vez em quando coçavam-se um ao outro, enquanto nós os observávamos. Eles estavam vindo todas as tardes, não ficavam nem muito perto nem muito alto nas árvores, mas nós estávamos mútua e silenciosamente atentos. Tornamo-nos muito bons amigos, mas eles não queriam invadir aquela solitude. Caminhando uma tarde pela floresta, de modo repentino você os encontrou numa clareira. Deveria haver mais de trinta deles, jovens e velhos, sentados entre as árvores em torno do espaço aberto, silenciosos e imóveis. Se quisesse, você poderia tocá-los, pois não havia medo neles; assim, sentados no chão, nós nos observávamos, até o sol se pôr por de trás dos picos.

Se você perde o contato com a natureza, perde o contato com a humanidade. Se não há um estado de comunhão com a natureza, você se torna um assassino; e, assim, vai matar filhotes de focas, baleias, golfinhos e homens, seja por lucro, seja por esporte, pelo conhecimento ou por comida. E, desse modo, a natureza se amedronta com você, lhe nega a sua beleza. Você pode até fazer longas trilhas na floresta ou acampar em lugares adoráveis, mas você é um assassino e, portanto, perde a amizade dos seres da natureza. É provável que você não tenha parentesco com ninguém, nem com sua esposa ou marido; você está ocupado demais com suas perdas e ganhos, com os próprios pensamentos, prazeres e dores particulares. Você vive em seu isolamento obscuro; quando tenta fugir dele, mais escuridão ainda se forma. Seu interesse está voltado para uma sobrevivência limitada, irracional, seja tranquila, seja violenta. E milhares morrem de fome ou são assassinados por causa de sua irresponsabilidade. Você deixa a ordem do mundo nas mãos do político, do corrupto, do mentiroso, dos intelectuais e dos acadêmicos. Por não ter integridade de fato, você constrói uma sociedade que é imoral, desonesta, uma sociedade baseada num absoluto egoísmo. Depois você foge de tudo isso, do qual é o único responsável, e vai para as praias, para as florestas ou carregando uma arma por "esporte".

Você pode saber de tudo isso, mas o conhecimento não o pode transformar. Você deve agir de modo integral, como um ser humano em sua totalidade. E então, quando tiver esse senso da totalidade, você estará relacionado com o universo.

6 de abril de 1975

Não é aquele azul extraordinário do Mediterrâneo; o Pacífico tem um azul mais etéreo, sobretudo quando há uma brisa suave vinda do oeste. À medida que você se dirige para o norte, pela estrada costeira, o mar vai tornando-se muito suave, claro, cheio de alegria, deslumbrante. Ocasionalmente, avistavam-se baleias, soprando em seu caminho rumo ao norte, enquanto se jogavam para fora d'água, mas quase nunca eram vistas suas enormes cabeças. Havia um grupo inteiro delas, soprando. Baleias devem ser animais muito poderosos. Naquele dia, o mar era um lago, parado e silencioso, sem nem uma única onda sequer; não havia aquele azul-claro límpido movimentando-se ritmicamente. O mar estava adormecido, e você o observava maravilhado.

A casa em que estava hospedado era linda, com um jardim tranquilo, um gramado viçoso e flores e com vista para o mar. Também era espaçosa, iluminada pelo sol típico da Califórnia. Os coelhos também adoravam; eles vinham pela manhã cedo e ao fim do entardecer; comiam flores de amores-perfeitos que haviam sido recém-plantados, cravos e outras pequenas plantas floridas. Não se conseguia mantê-los afastados dali, embora houvesse uma rede de arame ao redor do jardim – além disso, matá-los seria um crime. Mas um gato e uma coruja mantinham a ordem ali; enquanto o gato preto vagava pelo jardim, a coruja empoleirava-se durante o dia entre os espessos eucaliptos. Era possível vê-la, imóvel, com os olhos fechados, redonda e grande. Os coelhos desapareceram, o jardim florescia e o mar azul do Pacífico fluía sem esforço. Apenas o ser humano traz desordem ao universo. Ele é cruel e extremamente violento. Onde quer que esteja, ele provoca confusão e sofrimento para si mesmo e para o mundo ao seu redor. Ele devasta, destrói, e não tem compaixão. Em si mesmo não há ordem e, portanto, tudo o que ele toca se torna poluído e caótico. Sua política se transformou numa quadrilha organizada, atuando no poder de modo refinado, em fraudes pessoais ou nacionais, e entre os diversos grupos. Sua economia é circunscrita e, portanto, não é universal. Sua sociedade é imoral, esteja ela em liberdade, esteja sob uma tirania. Não é religioso, embora tenha crenças, idolatre e se submeta a uma infinidade de rituais sem sentido. Por que o ser humano ficou assim – cruel, irresponsável e extremamente egocêntrico? Por quê?

Há uma centena de explicações, e aqueles que explicam, de modo sutil com palavras nascidas a partir do conhecimento de muitos livros, são apanhados pela rede do sofrimento humano, da ambição, do orgulho e da amargura. A descrição não é aquilo que é descrito; a palavra não é a coisa. Será que é porque o ser humano está buscando por causas externas, num ambiente que o condiciona, esperando que uma mudança exterior o transforme interiormente? Será pelo fato de ele estar tão apegado aos seus sentidos, dominado por suas necessidades imediatas? Será pelo fato de ele viver inteiramente no movimento do pensamento e do conhecimento? Ou será pelo fato de ele ser tão romântico, emocional, que tenha se tornado cruel em seus ideais, fantasias e vaidades? Ou será pelo fato de ele ser sempre conduzido, tornando-se um seguidor, ou então um líder ou um guru?

Essa divisão entre o interior e o exterior é o começo de seu conflito e sofrimento; ele está preso nessa contradição, nesse legado desde tempos imemoriais. Aprisionado nessa divisão sem sentido, ele se encontra perdido e torna-se um escravo dos outros. O interior e o exterior são imaginações e invenções do pensamento. Como o pensamento é fragmentário, ele cria desordem e conflito, o que é divisão. O pensamento não pode criar ordem, a virtude que emerge de um fluxo sem esforço. A virtude não é a repetição contínua de algo armazenado na memória ou mesmo algo que se possa praticar.

O pensamento-conhecimento é vinculado ao tempo. O pensamento, por sua natureza e estrutura, não pode ter a compreensão de todo o fluxo da vida como um movimento total. O conhecimento do pensamento não pode ter a percepção, um *insight* dessa totalidade; ele não pode ter essa compreensão que vem de uma observação sem escolha, enquanto permanecer como aquele que percebe, alguém de fora olhando para dentro. O pensamento-conhecimento não tem lugar na percepção. O pensador é o pensamento; e o que percebe é o que está sendo percebido. Só então há um movimento sem esforço em nossas vidas.

Ojai

8 de abril de 1975

Nesta parte do mundo – Vale de Ojai, Califórnia – não chove muito, cerca de quatrocentos a quinhentos milímetros por ano –, e essas chuvas são extremamente bem-vindas, pois não choverá pelo resto do ano. Ainda há neve nas montanhas, mas durante o verão e o outono elas ficam nuas, queimadas pelo sol, rochosas e proibitivas; apenas na primavera tornam-se suaves e convidativas. Costumava haver ursos, cervos, linces, codornizes e uma variedade de cascavéis. Mas agora eles estão desaparecendo; a temida criatura humana estava avançando em seus territórios. Chovia já fazia algum tempo, e o vale estava verdejante. As laranjeiras davam frutos e flores. É um vale lindo, tranquilo, longe da cidade, onde podia se ouvir o canto das pombas. Com lentidão, o ar estava sendo preenchido com o perfume das flores de laranjeira, e em poucos dias a fragrância tomaria conta do local com o sol quente e os dias sem vento.

Era um vale cercado por morros e montanhas; além dos morros, estava o mar, e, além das montanhas, o deserto. No verão, o clima seria insuportavelmente quente, mas a beleza estaria sempre presente nesse local, distante da multidão enlouquecedora e de suas cidades. À noite, o silêncio seria algo extraordinário, rico e penetrante. A meditação cultivada é um sacrilégio à beleza, pois cada folha e galho por si sós falavam da alegria dessa beleza; os ciprestes altos e escuros estavam em silêncio na sua presença; a velha e retorcida pimenteira fluía com essa beleza.

Você não pode, não é possível, convidar a verdadeira alegria; se assim o fizer, ela se transformará em prazer. O prazer é o movimento do pensamento e o pensamento não pode, não lhe é permitido, de modo algum, cultivar essa alegria. Se ele a persegue, ela se torna apenas uma lembrança, uma coisa morta. A beleza não se vincula ao tempo; é livre do tempo e, portanto, da cultura. Ela está lá quando o ego não está. Esse eu é construído pelo tempo, pelo movimento do pensamento, pelo conhecido, pela palavra. Ao desapegar-se desse eu, nesse estado de atenção total, a essência da beleza ali se faz presente. O abandono do eu não é uma ação calculada do desejo, do querer. A vontade, o querer, é direcionado, impositivo, divisivo; portanto, provoca conflito. A dissolução do ego não se dá a partir da evolução do conhecimento do ego; o tempo não tem participação alguma nisso. Não existe um caminho ou um método para acabar com ele. A absoluta não ação interior é a atenção positiva da beleza.

Você tem cultivado uma imensa rede de atividades inter-relacionadas às quais se encontra preso, e sua mente, sendo condicionada por ela, opera internamente da mesma maneira. Assim, o sucesso material torna-se então a coisa mais importante da vida, e a fúria desse impulso é o arcabouço do eu. É por isso que você segue seu guru, seu salvador, suas crenças e seus ideais; a fé toma o lugar do *insight* e da percepção. Não há necessidade de orações ou rituais quando o eu não está presente. Você preenche os espaços vazios daquele arcabouço com conhecimento, imagens e atividades desprovidas de um sentido verdadeiro, e assim o mantém aparentemente vivo.

No silêncio e na quietude da mente, aquilo que é a beleza eterna surge, sem ser convidada, sem ser buscada, e sem os ruídos do reconhecimento.

10 de abril de 1975

No profundo silêncio da noite e na quietude e tranquilidade da manhã, quando o sol está tocando as montanhas, há um grande mistério. Ele está ali presente em todas as coisas vivas. Se você se senta em silêncio, sob uma árvore, sente a ancestralidade da terra com seu mistério incompreensível. Em uma noite, quando não há agitação, quando as estrelas estão luminosas e próximas, você percebe o espaço se expandindo e a misteriosa ordem que reside em todas as coisas, o imensurável e o nada, do movimento das escuras colinas e do pio de uma coruja. Nesse silêncio total da mente, esse mistério se expande na ausência do tempo e do espaço. Há mistério naqueles templos antigos que foram construídos com um cuidado infinito, com a plena atenção que é amor. As compridas mesquitas e as grandes catedrais perderam esse mistério obscuro, pois existem ali intolerância, dogma e poderio militar.

O mito que se oculta nas camadas profundas da mente não é misterioso; é romântico, tradicional e condicionado. Nos recessos secretos da mente, a verdade foi posta de lado por símbolos, palavras e imagens. Neles não há o mistério; são apenas movimentações do pensamento. No campo do conhecido e em sua ação, há admiração, apreciação e deleite. Mas mistério é algo de outra natureza. Não é uma experiência, a ser reconhecida, armazenada e lembrada. Experiência é a morte daquele mistério incomunicável; para comunicar você precisa da palavra, de um gesto, de um olhar, mas, para estar em comunhão com aquilo, a mente, você precisa estar no mesmo nível, ao mesmo tempo e com a mesma intensidade daquilo que é chamado de mistério. Isso é amor. Com isso, todo o mistério do universo se abre.

Esta manhã não havia uma única nuvem no céu, o sol estava no vale, e todas as coisas exultavam em alegria, exceto o ser humano. Ele olhou para esta terra maravilhosa e continuou a sua labuta, com o seu sofrimento e seus prazeres efêmeros. Ele não tinha tempo para observar; estava muito ocupado com seus problemas, suas angústias e sua violência. Ele não percebe a árvore e, assim, não consegue ver o próprio esforço. Quando é forçado a olhar, ele rasga em pedaços o que vê, chamando isso de análise; foge dessa situação ou se esquiva de ver. Na arte de ver está o milagre da transformação, a transformação do *que é*. *O que deveria ser* nunca é. Há um vasto mistério no ato de ver. Isso requer cuidado e atenção, o que é amor.

14 de abril de 1975

Uma grande serpente cruzava uma estrada larga, logo à sua frente, gorda, pesada, movendo-se preguiçosamente. Ela vinha de uma lagoa um pouco distante. Era quase preta e a luz do sol da tarde, caindo sobre ela, dava à sua pele um polimento especial. Ela se movia vagarosamente com uma dignidade própria do poder. Ela não tinha percebido que você estava ali observando-a em silêncio; você estava bem perto dela. Ela devia medir bem mais de um metro e meio, e mostrava um inchaço em virtude do que tinha comido. Ela passou por cima de uma pequena elevação, e você caminhou em sua direção, olhando para ela a alguns centímetros de distância, para ver sua língua preta bifurcada entrando e saindo. Ela se movia em direção a um grande buraco. Você poderia até mesmo tê-la tocado, pois tinha uma beleza estranha e atraente. Um aldeão que estava passando gritou para deixá-la em paz porque era uma cobra naja.

No dia seguinte, os aldeões colocaram sobre aquele pequeno monte um pires de leite e algumas flores de hibisco. Na mesma rua, um pouco mais adiante, havia um arbusto, alto e quase sem folhas, que tinha espinhos de quase cinco centímetros de comprimento, afiados, acinzentados, cujas folhas suculentas nenhum animal ousaria tocar. Ele estava se protegendo e ai de quem o tocasse.

Nas florestas da redondeza havia cervos, tímidos e muito curiosos; eles permitiam que você se aproximasse, mas não muito perto. Caso contrário, eles disparavam para longe e desapareciam entre a vegetação rasteira. Havia um, de olhos brilhantes e orelhas grandes para a frente, que deixava você chegar bem perto se estivesse sozinho. Todos eles tinham manchas brancas em uma pele marrom-avermelhada; eram gentis e sempre vigilantes, e era agradável estar entre eles. Havia um completamente branco, que deve ter sido uma mutação.

O bem não é o oposto do mal. O bem nunca foi tocado pelo mal, embora o mal esteja à sua volta. O mal não pode ferir o bem, mas o bem parece poder ferir o mal e, assim, o mal se torna cada vez mais astuto, mais pernicioso. O mal pode ser cultivado e aperfeiçoado e, ao expandir, tornar-se violento. Ele nasce dentro do movimento do tempo, alimentado e utilizado habilmente. Mas o bem não pertence ao tempo, é atemporal; não pode de modo algum ser cultivado ou nutrido pelo pensamento. Sua ação não é visível; não tem causa e, portanto, não provoca reação. O mal não pode se transformar no bem, pois o bem não é produto do pensamento; está além do pensamento, como a beleza. Aquilo que o pensamento faz, ele próprio pode desfazer, mas isso não é o bem. Como não é do tempo, o bem não tem um lugar permanente, fixo. Onde o bem está, há ordem, mas não aquela ordem vinda a partir da autoridade, da punição e da recompensa. Essa ordem é essencial, pois de outra forma a sociedade se destrói, e o ser humano se torna maléfico, assassino, corrupto e degenerado. Porque o homem é a sociedade; eles são inseparáveis. A ordem que se origina do bem é eterna, imutável e atemporal. A estabilidade é da sua natureza e, portanto, é absolutamente segura. Não há outra segurança.

17 de abril de 1975

Espaço é ordem. Espaço é tempo, comprimento, largura e volume. Nesta manhã, o mar e os céus mostram uma imensidão; o horizonte onde aquelas montanhas de flores amarelas encontram o mar distante é a expressão da ordem da terra e do céu; é cósmico. Aquele cipreste, alto, escuro, solitário, tem em si a ordem da beleza, e a casa distante naquela montanha com florestas segue o movimento das montanhas que se elevam sobre os morros baixos. O campo vicejando com uma única vaca mostra-se além do tempo. E o homem subindo a montanha está preso dentro do limitado espaço de seus problemas.

Há um espaço do vazio cujo volume não é delimitado pelo tempo nem pelas medidas do pensamento. A mente não pode entrar nesse espaço; ela só pode observar. Nessa observação, não há experimentador. Esse observador não tem história, nenhuma associação anterior, nenhum mito armazenado; assim, o observador é aquilo que é. O conhecimento é vasto, mas não tem espaço, pois, pelo próprio peso e volume, ele corrompe e sufoca esse espaço. Não há conhecimento que pertença ao eu, seja inferior, seja superior. Há apenas uma estrutura verbal do eu, do ego, um arcabouço, preenchido pelo pensamento. O pensamento não pode penetrar a própria estrutura; ele não pode negar aquilo que ele mesmo construiu – e, quando nega, essa recusa provoca ainda mais ganho. Quando o tempo do eu está ausente, o espaço imensurável se presencia.

A medida é o movimento de recompensa e punição, ganho ou perda; é a atividade de comparação e conformidade, da autoridade e a própria negação dela. Esse movimento é o tempo, o futuro com a suas esperanças, e o passado com os seus apegos. Toda essa rede complexa é a própria estrutura do eu, e a dita união com o ser supremo ou o princípio último ainda está dentro do próprio campo. Tudo isso é a atividade do pensamento. O pensamento não pode de modo algum penetrar aquele espaço atemporal, faça o que fizer. Mesmo os métodos, programas e práticas que o pensamento inventou não são as chaves que abrirão a porta, pois não há porta alguma, ou mesmo chave. O pensamento somente pode estar cônscio de sua infinita atividade e capacidade de se corromper, de seus enganos e ilusões. O pensamento é o observador e aquilo que é observado. Seus deuses são as próprias projeções, e a adoração a eles é a adoração a si mesmo. O que está além do pensamento, além do conhecido, não pode ser imaginado nem transformado em um mito ou um segredo para poucos. Está ali presente para você ver.

MALIBU

23 de abril de 1975

O rio largo estava parado como se fosse um lago de um moinho. Não havia uma única ondulação e, como ainda era cedo, a brisa da manhã ainda não tinha despertado. As estrelas refletiam na água, claras e brilhantes, e Vênus era a mais brilhante de todas. As árvores do outro lado do rio estavam escuras, e a vila entre elas ainda dormia. Não havia nem uma folha sequer se mexendo, e pequenas corujas gritavam no velho tamarindo; era o lar delas, e, assim que o sol estivesse sobre aqueles galhos, elas estariam ali se aquecendo. Os papagaios verdes barulhentos também estavam quietos. Todas as coisas, até mesmo os insetos e as cigarras, esperavam ansiosos pelo sol, como em uma adoração. O rio estava parado, e as pequenas embarcações de costume, com suas lanternas, eram ausentes.

Gradualmente, sobre as árvores escuras e misteriosas, começou a luz do amanhecer. Cada ser vivo ainda permanecia no mistério daquele momento; era o momento atemporal da meditação. A própria mente era atemporal, sem medida; não havia parâmetros para medir quanto duraria aquele momento. Apenas então houve uma agitação e um despertar – os papagaios e as corujas, os corvos e o estorninho, os cães e uma voz do outro lado do rio. E de repente o sol brilhou através das árvores, dourado e escondido pelas folhas. Agora o grande rio estava acordado, movendo-se; tempo, comprimento, largura e volume estavam fluindo, e toda a vida, que nunca termina, começava.

Como era adorável aquela manhã, a pureza da luz e o caminho dourado que o sol fazia naquelas águas pulsantes de vida. Você era o mundo, o cosmos, a beleza imortal e o júbilo da compaixão. Só que não havia alguém que estivesse ali; se você estivesse ali, não existiria nada disso. Você carrega em si o começo e o fim, para começar de novo numa infindável cadeia.

No vir a ser, há incerteza e instabilidade. No vazio, há estabilidade absoluta e, portanto, clareza. Aquilo que é estável nunca morre; a corrupção está no vir a ser. O mundo está empenhado em tornar-se, alcançar, ganhar, e, portanto, existe o medo de perder e morrer. A mente precisa passar por aquele estreito gargalo que ela mesma construiu, o eu, para transcender a essa imensa vacuidade, cuja estabilidade o pensamento jamais poderá medir. O pensamento deseja apreender esse vasto vazio, usá-lo, cultivá-lo e colocá-lo para ser comercializado. Tem de fazê-lo parecer aceitável e respeitável, para ser adorado. Como o pensamento não consegue colocá-lo em nenhuma categoria, então ele deve criar uma ilusão, uma armadilha; ou, então, tornar-se algo apenas para poucos, para os escolhidos. Desse modo, o pensamento segue em vão pelos próprios caminhos enganosos, amedrontado, cruel, e nunca atingindo uma estabilidade, embora em sua presunção afirme que há estabilidade em suas ações, nas suas explorações e no conhecimento que acumulou. A ilusão se torna uma realidade que ele próprio nutre. O que o pensamento tornou real não é a verdade. O nada não é uma materialidade, mas a verdade em si. O estreito gargalo, o eu, é a realidade criada pelo pensamento, o arcabouço sobre o qual ele construiu toda a sua existência – a realidade de sua fragmentação, sua dor, seu sofrimento e seu amor. A realidade de seus deuses, ou do seu único Deus, é uma cuidadosa estrutura do pensamento, suas orações, seus rituais e seu culto romantizado. Na realidade, não existe estabilidade nem uma claridade verdadeira.

O conhecimento do eu é tempo, comprimento, largura e volume; ele pode ser acumulado, usado como uma escada para se tornar algo, para se aperfeiçoar, para alcançar um objetivo. Esse conhecimento jamais libertará a mente da carga de sua realidade. Você é a carga; a verdade que reside aí está em perceber isso, e essa libertação não é a realidade do pensamento. O ver é o agir. A ação origina-se da estabilidade e claridade do vazio.

24 de abril de 1975

Cada ser vivo tem a própria sensibilidade, o próprio modo de viver, sua consciência, mas o ser humano assume que a sua consciência é muito superior e, por causa disso, perde seu amor, a sua dignidade e se torna insensível, cruel e destrutivo.

Era uma linda e clara manhã no vale dos pomares de laranjeiras, com seus frutos e flores primaveris. As montanhas ao norte estavam salpicadas de neve em seus cumes; com suas rochas expostas, eram rígidas e longínquas, mas, em contraste com o suave céu azul do início da manhã, pareciam estar muito próximas; você quase podia tocá-las. Elas tinham aquela impressão de uma idade que se perdia no tempo e uma majestade inabalável, assim como uma beleza que vem com a grandeza atemporal.

Era uma manhã muito silenciosa, e o cheiro da flor de laranjeira preenchia o ar. E havia a maravilha e a beleza da própria luz. A luz que ocorre nessa parte do mundo tem uma qualidade especial, é penetrante, viva e de encher os olhos; parecia penetrar toda a sua consciência, varrendo todos os seus cantos escuros. Havia uma grande alegria nisso, e cada folha e lâmina de grama se regozijava com isso. O gaio-azul pulava de galho em galho, mas, dessa vez, sem perder a cabeça de tanto gritar, só para variar. Era uma manhã adorável cheia de luz e grande profundidade.

O tempo criou a consciência com o seu conteúdo. Ela é a cultura do tempo. O conteúdo produz a consciência; sem ele, a consciência, como nós a conhecemos, não existe. Daí, não há nada. Nós movemos pequenos pedaços da consciência de uma área para outra, de acordo com a pressão da razão e das circunstâncias, e isso ocorre no mesmo campo da dor, do sofrimento e do conhecimento. Esse movimento é o tempo, o pensamento e a medida. É um jogo de esconde-esconde consigo mesmo, totalmente sem sentido; é a sombra e a substância do pensamento; é o passado e o futuro do pensamento. O pensamento não pode apreender esse momento, pois esse momento não é do tempo. Esse momento é o fim do tempo; o tempo para naquele momento; não há movimento algum naquele instante; portanto, ele não está relacionado a outro momento. Esse momento não tem causa e, assim, não possui começo nem fim. A consciência não pode abarcá-lo. Nesse instante de vazio, a totalidade simplesmente é. Meditação é o esvaziamento da consciência de seu conteúdo.

Nota do editor: As páginas adicionais do *Diário* começam aqui. Os lugares onde foram escritas não foram anotados por Krishnamurti, sendo adicionados na publicação.

GSTAAD

3 de agosto de 1981

O vale corre do lado leste em direção a oeste; na extremidade leste ele se afunila, formando um cânion estreito com uma montanha de dois mil metros, sobre a qual o sol matinal nasce, lançando longas e profundas sombras num infindável silêncio sem fim. Há um carvalho, com várias centenas de anos, que capta o sol da manhã, imóvel e mostrando-se dourado. As folhas mais altas, há apenas três delas, já desidratando, sem fôlego, em silêncio. A pomba escura começava seu arrulho peculiar, longo e suave, respondido por seu companheiro. E assim o dia começou. A coruja-das-torres parou de piar quando a manhã da primavera passou a mostrar os contornos da montanha próxima e as longas linhas dos morros cobertos pela floresta. Antes que o sol surja, um grande silêncio parece cobrir a terra. A terra é extraordinariamente bela, atemporal em sua imensidão. É a nossa terra – nossa, e não apenas de algum grupo, comunidade ou nação. É nossa; pertence a cada um de nós.

A estrada é bem projetada, plana, larga, sem muitas curvas fechadas na medida em que se ascende, atravessando quilômetros e quilômetros de pomares de laranja, todos bem cuidados, e bosques intermináveis de abacateiros que descem as ravinas e sobem por toda a encosta, e ao final curvando-se sobre o topo; tudo sendo regado e cuidado. O vale está inundado com o perfume das flores das laranjeiras e dos abacateiros. A estrada passa por essa terra fascinante, sempre subindo, até atingir talvez uns mil e quinhentos metros. E, então, desce lentamente em direção ao deserto.

No ponto mais alto da estrada, paramos o carro. Ao sul, as altas montanhas estavam recobertas por árvores e arbustos, flores roxas e amarelas; ao norte não havia árvores; era árido, rochoso, vasto, estendendo-se até o horizonte, completamente intocado. Cada árvore, arbusto e rocha era como se estivesse ali por milênios. A vastidão daquele espaço e o incomensurável silêncio! Solidão é uma coisa, e estar sozinho é outra. A solidão pode significar isolamento, fuga, algo que nos é indesejado; mas estar sozinho, sem todo o peso da vida, estar com aquela liberdade absoluta, na qual o pensamento-tempo nunca esteve, é encontrar-se em comunhão com o universo.

Na solidão há um isolamento desesperador, uma sensação de estar abandonado, perdido, ansiando por algum tipo de relacionamento, semelhante a um navio à deriva no mar. Nossa atividade cotidiana conduz a esse isolamento, com seus infindáveis conflitos e sofrimentos e raros e casuais momentos de alegria. Essa solidão é uma forma de corrupção, como aquela que ocorre na política, nos negócios e, claro, nas religiões organizadas. A corrupção existe desde as camadas mais altas até as mais baixas.

Estar aprisionado é corrupção; qualquer forma de apego leva a isso, seja o apego a uma crença, uma religião, uma ideologia, uma experiência, seja qualquer tipo de convicção. A corrupção psicológica é um fator comum no ser humano. Dinheiro, posição e poder são as respostas mais evidentes dessa corrupção interna que envolve um crescente prazer, um desejo, uma imagem construída pelo pensamento em torno do mecanismo do desejo. Corrupção é fragmentação.

Naquela imensidão de espaço, entre o céu límpido e azul, e a beleza daquela terra, a consciência havia cessado. Todos os sentidos estavam despertos para o ar puro, o cheiro do deserto e de flores distantes, o movimento do lagarto na rocha quente e o silêncio absoluto. Não era simplesmente aquele silêncio que se encontra numa altitude elevada, ou aquele silêncio incomum logo após o pôr do sol, ou ainda o que parece descer sobre a terra com o início do amanhecer, longe das cidades e vilas barulhentas. Era um silenciar profundo, que os ruídos do pensamento nunca alcançam. É aquele silêncio incomensurável, de tal pureza e claridade que vai muito além do movimento da consciência. O tempo havia literalmente parado.

E aquele silêncio acompanhou enquanto o carro seguia pelos pomares e bosques. E então a civilização surgiu, com toda aquela incrível futilidade, a pressa brutal e a arrogância dos seres humanos, todos se autoafirmando, e os ricos exibindo seu poder e suas posses. Até mesmo aquele carro, que tinha um excelente motor, parecia ter ficado repentinamente silencioso, o que, é claro, é um absurdo. Os jornais matinais em seus editoriais estavam noticiando qual seria o efeito no caso de uma bomba nuclear explodir sobre uma grande cidade: vários milhões de pessoas seriam mortas vaporizadas, a sociedade ficaria em ruínas e tudo se tornaria um caos primitivo. E isso seguia, um horror após o outro. E a humanidade continua a depositar sua fé em políticos e governos.

Qualquer homem com uma especialização – o cirurgião, o arcebispo, o escriturário ou o encanador – usa apenas uma parte do seu cérebro, limitando sua atividade total. Tanto o político como o guru empregam apenas uma pequena parte da extraordinária capacidade e energia do cérebro. Essa atividade restrita e parcial está provocando muita destruição no mundo. Essa pequena amostra do cérebro está operando nas religiões, quando elas repetem seus rituais, suas palavras sem sentido, seu gestual de dois ou cinco mil anos de tradição, de acordo com o que foi idealizado. Alguns o fazem de maneira atraente, em trajes finos; outros, de maneira mais grosseira. É o mesmo que ocorre dentro dos círculos governamentais, com a corrupção do poder. Aquela pequena parte do cérebro pode acumular grande conhecimento, mas esse mesmo conhecimento e pesquisa apenas fortalecem ainda mais essa pequena porção cerebral.

A ascensão do homem nunca poderá se dar a partir do conhecimento, pois ela nunca é completa; está sempre obscurecida pela ignorância. A máquina ultrainteligente, o mais rápido computador desenvolvido, programado por grandes especialistas, vai ultrapassar e se sobrepor ao pensamento do homem e sua limitada capacidade; ele aprenderá de maneira mais veloz, corrigindo seus erros, resolvendo os próprios problemas.

O ser humano não foi capaz de resolver nenhum de seus problemas psicológicos, de suas dificuldades, que se tornaram tão complexas. Parece que ele foi sobrecarregado com elas desde os tempos mais antigos. Ainda estamos lidando com esses problemas, de governo, religião, relacionamento, violência, guerras e poluição da Terra. E eles permanecerão insolúveis enquanto apenas uma parte do cérebro estiver operando, enquanto o indivíduo for programado para ser um americano, um britânico, um francês e assim por diante. Enquanto um indivíduo for católico, hindu, muçulmano e assim por diante, o problema permanecerá sem solução. Ao que parece, ele é inconsciente de quão condicionada e programada é essa pequena parte do cérebro. Essa programação dá uma sensação ilusória de segurança, uma estrutura verbal contra o mundo violento. Mas na realidade é o homem o único violento; ele próprio é a causa de toda a corrupção e terror que está ocorrendo no mundo. Ele é total e inteiramente responsável por tudo o que está acontecendo ao seu redor.

Essa pequena parte do cérebro é a nossa consciência; é a sede do tempo, da medida, do espaço e do pensamento. Tempo é evolução, tanto biológica quanto psicologicamente. É o sol nascendo e se pondo; é cronológico e psicológico. A medida é *o que é* e *o que deveria ser*, o ideal a ser alcançado, o violento querendo se tornar não violento, o constante e contínuo vir a ser; a comparação, a imitação, a conformidade, o tornar-se mais e melhor. No caso do espaço, existem a imensa extensão da terra, os céus e tudo o mais, e há o pequeno espaço ocupado por cidades superpopulosas; e o espaço existente na consciência, se houver.

O pensamento é o mestre. O pensamento é o fator mais dominador na vida humana. Não há pensamento oriental ou ocidental; existe apenas pensamento, que pode ser experimentado de muitas formas diferentes, mas ainda assim é o movimento do pensamento. O pensamento é comum a toda a humanidade, desde o homem primitivo até o indivíduo mais educado. O pensamento colocou o homem na Lua; o pensamento construiu a bomba atômica; construiu todos os templos, as grandes catedrais com todos os seus objetos ditos sagrados, os rituais elaborados, os dogmas, as crenças, as religiões, e assim por diante. Ele construiu o computador e o programa que o compõe. Ele ajudou a humanidade das mais diversas maneiras, mas também criou guerras e todos os instrumentos mortais. Ele projetou ideologias, a brutal violência, as torturas, dividiu a humanidade em nações, classes e inventou as religiões que dividiram o homem contra si mesmo. Ele colocou o homem contra o homem. O amor não é o pensamento com suas lembranças e imagens. O pensamento sustenta e nutre a consciência. O conteúdo da consciência é o movimento sem fim do pensamento: os desejos, os conflitos, os medos, a busca pelo prazer, a dor, a solidão e o sofrimento.

O amor e a compaixão, com sua inteligência que a corrupção não pode tocar, estão além dessa consciência limitada. Ela não pode ser classificada em superior ou inferior, pois, por mais elevada ou superficial que seja a consciência, ela será sempre repleta de ruídos, sempre tagarela. Ela é o tempo e toda medida, pois eles nascem a partir do pensamento. O pensamento nunca poderá apresentar uma integridade, em nenhuma circunstância ele é inteiro; pode-se especular sobre o que seja inteiro e se entregar à verbalização e à materialidade disso, mas o pensamento nunca poderá perceber sua beleza, sua intensidade. Pois o pensamento é como se fosse um filho infértil da experiência e do conhecimento, que nunca poderá se tornar completo, inteiro. Portanto, o pensamento sempre será limitado, fragmentado. Os problemas que o pensamento trouxe ao homem, o próprio pensamento tenta em vão resolver, e isso os perpetua cada vez mais. Somente quando ele percebe a própria incapacidade psicológica de solucionar os problemas e conflitos que ele mesmo produziu, apenas então a percepção e o *insight* podem findá-los.

7 de agosto de 1981

O amor pelas árvores é, ou deveria ser, parte da nossa natureza, como o respirar. Elas são parte da terra, como nós, cheias de beleza, com um peculiar distanciamento. Elas são tão estáticas, repletas de folhas, exuberantes e cheias de luminosidade, projetando longas sombras e de uma alegria selvagem quando passam por uma tempestade. Cada folha dança na brisa suavemente, e suas sombras são acolhedoras sob o sol forte. Ao sentar-se com as costas contra um tronco, se você ficar quieto, poderá estabelecer um relacionamento eterno com a natureza. A maioria das pessoas perdeu esse relacionamento; elas simplesmente olham para as montanhas e os vales, os riachos e para os milhares de árvores, enquanto passeiam em seus carros ou sobem a montanha, tagarelando. Elas estão muito absortas nos próprios problemas para poder observar e permanecer em silêncio. Uma fumaça está subindo, formando uma única coluna pelo vale, e um caminhão pesado atravessa o vale transportando toras de árvores recentemente cortadas, com a casca ainda sobre elas. Um grupo de meninos e meninas passa por você, tagarelando e rompendo o silêncio da floresta.

A morte de uma árvore é encantadora em seu declínio, ao contrário do homem. Uma árvore morta no deserto, despojada de sua casca, polida pelo sol e pelos ventos, todos os seus galhos nus abertos para o céu, é uma visão maravilhosa. Uma grande sequoia, com muitas centenas de anos, é cortada em poucos minutos para fazer cercas e assentos, para construir casas e para enriquecer o solo de um jardim. Aquele gigante maravilhoso se foi. O homem está avançando cada vez mais fundo nas florestas, destruindo-as para pastos e construção de casas. As áreas selvagens estão desaparecendo. Há um vale cujas montanhas ao redor são talvez as mais antigas da Terra, onde chitas, ursos e cervos que se viam antes desapareceram por completo; pois o homem está em toda parte. A beleza da Terra está sendo lentamente destruída e poluída. Carros e grandes edifícios estão surgindo nos lugares mais inusitados. Quando você perde sua relação com a natureza e os infinitos céus, você perde a sua relação com o homem.

Ele viera com a esposa e falou mais do que ela; ela era tímida e aparentava ser inteligente. Ele era bastante autoritário e mostrava-se agressivo. Ela disse que eles tinham ido a algumas das palestras após ler um ou dois livros e ouvido alguns dos diálogos.

"Viemos pessoalmente conversar sobre nossos principais problemas com você, e espero que não se importe. Temos dois filhos, um menino e uma menina; para a felicidade deles, estão frequentando a escola. Não queremos que sofram por nossos conflitos conjugais e graves discussões. Eles, no entanto, em breve acabarão por saber. Nós dois gostamos muito um do outro; não usarei a palavra *amor*, pois entendi o que você quer dizer com essa palavra. Nós nos casamos bem jovens. Temos uma bela casa com um belo jardim; e não temos problemas de recursos financeiros. Não viemos até você para ser nosso conselheiro matrimonial, mas queremos discutir sobre o nosso relacionamento com você, se não se importar. Minha esposa é bastante reservada, mas tenho certeza de que em instantes ela também participará da conversa. Concordamos que eu tomaria a frente. Estamos muito preocupados com nosso relacionamento. Conversamos sobre isso com bastante frequência, mas não houve nenhuma evolução. Após esta introdução, a pergunta que eu gostaria de fazer é: o que há de errado com nosso relacionamento, ou o que é um relacionamento correto?"

Qual é seu relacionamento com aquelas nuvens, carregadas com a luz do entardecer, ou com aquelas árvores silenciosas? Essa não é uma pergunta irrelevante. Você vê aquelas crianças brincando naquele campo e aquele carro velho? Permita-me perguntar, mas, quando você vê isso, qual é sua reação?

"Não tenho certeza. Eu gosto de crianças se entretendo. Minha esposa também. Não tenho sentimentos especiais sobre aquelas nuvens e aquela árvore. Eu nunca pensei sobre elas; na realidade, eu nunca nem mesmo olhei para elas."

A esposa disse: "Eu tenho; elas significam algo para mim, algo que não pode ser colocado em palavras. Sobre aquelas crianças, elas poderiam ser meus filhos. Afinal, eu sou mãe".

Olhe, senhor, para aquelas nuvens e árvores como se estivesse olhando pela primeira vez. Olhe para elas sem que o pensamento interfira ou se desvie. Olhe para elas sem nomeá-las como uma nuvem ou uma árvore. Apenas observe com seu coração e seus olhos. Eles pertencem à terra, como nós, como aquelas crianças, até mesmo aquele carro velho. O próprio ato de atribuir um nome é parte do pensamento.

"Olhar para tudo isso sem verbalizar me parece quase impossível. A própria forma é a palavra."

Veja, as palavras desempenham um papel muito importante em nossas vidas; nossa vida, ao que parece, é uma rede intrincada de palavras inter-relacionadas. Palavras têm um grande impacto sobre nós, como as palavras *Deus*, *democracia*, *liberdade*, *totalitarismo*, as quais evocam imagens familiares. E palavras como *esposa* e *marido* fazem parte da nossa linguagem cotidiana. Mas a palavra *esposa* não é de fato a pessoa viva, com todas as suas complexidades. Portanto, a palavra nunca é o real. Quando a palavra se torna algo importante na vida, o real está sendo negligenciado.

"Mas não tenho como escapar da palavra e da imagem que a palavra carrega."

Não se pode separar a palavra da imagem. A palavra é a imagem. Observar sem a *palavra-imagem* é onde reside o problema.

"Isso é impossível, senhor."

Permita-me apontar mais uma vez, você não tentou fazer isso de uma maneira séria – a palavra *impossível* bloqueia sua ação. Não diga, por favor, que isso é possível ou impossível, simplesmente faça. Vamos voltar à sua pergunta sobre o que é um relacionamento correto. Você, com certeza, descobrirá por si mesmo o que é correto quando compreendermos o próprio relacionamento. O que um relacionamento significa para você?

"Deixe-me pensar. Significa tantas coisas, dependendo das circunstâncias. Um dia é determinada resposta e em outro tem um significado completamente diferente. É responsabilidade, tédio, aborrecimento, contato físico e o desejo de escapar de tudo isso."

É isso o que você denomina relacionamento. São diferentes graus de respostas sensoriais, de sentimentos e de romantismo, se a pessoa tem uma tendência nessa linha, e outras como ternura, apego, solidão, medo e assim por diante – incluindo a apreensão como um elemento mais importante do que o medo real. Isso é o que se chama relacionamento com determinada pessoa em particular ou com qualquer outra. Você também está relacionado aos seus ideais e às suas esperanças, às suas experiências e às suas conclusões. Seu relacionamento engloba isso tudo e muito mais. Tudo isso é você e seu relacionamento com outra pessoa, e a outra pessoa é semelhante a você, embora sejam biológica, cultural e externamente diferentes. Assim, isso não está indicando que você está sempre ativo dentro do movimento egocêntrico e ela está agindo de maneira semelhante? Ou seja, duas linhas paralelas nunca se encontrando.

"Estou começando a perceber o que você quer dizer. Por favor, continue."

Fica evidente que não existe um relacionamento real, de fato; cada um está preocupado consigo mesmo, com o próprio prazer, com a satisfação do outro, e assim por diante.

Vamos colocar a questão de outra forma. Por que os seres humanos são tão autocentrados, tão egoístas, seja de modo consciente ou nos mais profundos recessos de seu ser? Por quê? Os animais não domesticados parecem não ser tão egocêntricos quanto os seres humanos. Assim, se quisermos descobrir por nós mesmos o que é um relacionamento correto, devemos nos aprofundar muito nessa questão.

A percepção sem motivo é o experienciar. A maioria de nós acha difícil observar sem algum tipo de motivo, seja lá qual for, como dissemos antes. Podemos examinar juntos, muito objetivamente, o que de fato acontece em um relacionamento entre duas pessoas, seja ele íntimo ou não? Quase todas as reações são registradas no cérebro, de modo consciente ou em um nível mais profundo, sobretudo as dolorosas ou prazerosas. Essa gravação vem sendo feita desde a infância até a morte. Esse registro constrói lentamente uma imagem ou um quadro que cada pessoa tem de si mesma. Se alguém é casado ou vive com outro alguém, por uma semana ou por anos, uma imagem é formada sobre o outro; as mágoas, as irritações, as palavras duras, os elogios, as respostas sensuais, as posições intelectuais, o companheirismo e a ternura, a idealização da realização e associações culturais. Estas formam as diversas imagens que são despertadas sob circunstâncias diversas e específicas. Mais uma vez, a partir de relações físicas reais, essas imagens distorcem ou negam um relacionamento profundo de amor e compaixão, sua inteligência advinda.

"Então, como ou de que maneira essas imagens podem não ser formadas?"

Senhor, você não está fazendo uma pergunta errada? O que é aquilo que impede de fazer? Não é outra imagem ou ideia que está fazendo a pergunta? Você não permanece ainda operando com imagens, indo de uma para a outra? Seus questionamentos não levam a lugar nenhum. Quando alguém é ferido ou fere-se psicologicamente, desde a infância, as consequências dessa mágoa são óbvias: medo de mais mágoas, afastamento pela construção de um muro de proteção ao redor de si mesmo, mais isolamento, e assim por diante, um processo neurótico. Ao perceber isso, a pessoa observa essas feridas, os conflitos, e então instintivamente age de modo a poder evitar ser ferida. A imagem final é o eu, o ego – com "e" minúsculo, e não "E" maiúsculo. Quando alguém compreende de fato o total significado de por que o cérebro e o pensamento formam essas imagens, a verdade de por que essas imagens existem, a própria percepção disso dissipa toda a formação de imagens. Essa é a liberdade definitiva.

"Qual é a razão pela qual o cérebro ou o pensamento formam imagens?"

É por sua segurança? É para estar a salvo do perigo? Para ter certezas, para evitar confusões? Qualquer que seja a parte do cérebro, pequena que o seja, que esteja funcionando, para funcionar bem, eficientemente, precisa se sentir segura. Se essa certeza ou segurança é uma ilusão ou uma invenção do pensamento, como a fé ou crença, não é uma realidade; isso não tem real importância, desde que essa parte limitada do cérebro se sinta segura, confiante, certa. Do contrário, continuaremos a viver nessa ilusão. Com as imagens, como o nacionalismo e as imagens em todos os templos do mundo, o homem vive e continua em conflito, prazeres e sofrimento. A formação dessas imagens é infindável. Mas apenas quando você tem a plena compreensão de que elas lançam sombras em nossas vidas reais, e com isso impedem um relacionamento profundo entre as pessoas, com aquela nuvem, com aquela árvore e com aquelas crianças, só então é que pode haver amor.

11 de agosto de 1981

A beleza é perigosa. De pé naquela colina, avistavam-se os quinhentos quilômetros de extensão dos Himalaias, quase de horizonte a horizonte com seus vales profundos e escuros, uma sequência de picos com neve eterna, não havia nenhuma vila, casa ou cabana à vista. O sol estava tocando os picos mais altos, e o brilho rosado se espalhava em direção aos picos mais baixos; então, repentinamente, todo o contínuo da cordilheira estava como que em chamas. Era como se as montanhas estivessem pegando fogo por dentro, brilhando com uma intensidade incrível. Os vales ficaram mais escuros, e o silêncio era absoluto. A terra estava em seu esplendor, era algo de tirar o fôlego. Quando o sol nasceu sobre o pico do extremo leste, a imensidão, a pureza absoluta daquela montanha majestosa parecia tão próxima que quase se podia tocá-la; mas eles estavam a muitas centenas de quilômetros de distância. E assim o dia começou. Não é de se admirar que o homem sempre tenha venerado essas montanhas; elas são sagradas, estão lá para serem adoradas a distância. Os antigos criaram deuses delas, pois ali os seres celestiais fizeram sua morada. Agora os homens estão transformando-as em pistas de esqui, construindo hotéis e piscinas. Mas não ali, naquelas altas neves implacáveis e incorruptíveis. A beleza é imortal e infinitamente perigosa.

Deixando aquele silêncio impenetrável, a trilha cheia de pedras seguiu um riacho e passou por pinheiros de diversas variedades e grandes cedros-do-himalaia. O caminho se tornou largo e coberto de grama, e fazia muitas curvas. Era uma manhã adorável, suave com aquele perfume da rica floresta, e estava ficando quente. Nas árvores mais próximas havia um grupo de macacos com caudas longas e corpos peludos e grisalhos, cujos rostos brilhavam ao sol da manhã. Os bebês estavam agarrados às mães, e todo o grupo observava silenciosamente aquela figura solitária. Eles observavam imóveis, sem medo. Logo um grupo de *sannyasis*, monges, passou, descendo em direção àquela distante aldeia, entoando cantos. Seu sânscrito era preciso e claro, indicando que eram do extremo sul. Seu hino se voltava ao sol da manhã que deu vida a todas as coisas e cuja bênção abrange a todos os seres vivos. Eram oito, três ou quatro bem jovens, todos com as cabeças raspadas e vestidos com túnicas cor de açafrão, e seguiam comedidos, com os olhos baixos, sem olhar para as grandes árvores, os milhares de flores e as montanhas verdejantes; pois a beleza é perigosa e poderia distraí-los; o desejo ser despertado.

Os aldeões preparavam suas refeições matinais, e o cheiro de fogueiras com lenhas estava no ar. As crianças, recém-banhadas, preparavam-se para a escola entre gritos e risos. Em meio ao ruído habitual de uma aldeia, havia uma sensação triste de pesar. Ela tinha seu templo com seu sacerdote, os crentes e os ateus.

É estranho como os sacerdotes, desde os tempos imemoriais, condicionaram o cérebro humano a ter fé, a acreditar, a obedecer. Eles eram os eruditos, os professores, a lei. Por sua conduta nobre e responsável, eram os guardiões da sociedade, defensores da tradição. Pelo medo, eles controlavam os reis e o povo. Certa época, eles eram isolados, separados da sociedade para que pudessem guiá-la moral, estética e religiosamente. Pouco a pouco, eles se tornaram os intérpretes entre os deuses e o homem. Eles tinham poder, *status* e a vasta riqueza dos templos, igrejas e mesquitas. No Oriente, cobriam seus corpos com tecidos simples e de cores distintas. No Ocidente, suas vestimentas ritualísticas se tornaram cada vez mais simbólicas, cada vez mais caras. E também existiam aqueles monges simples, nos mosteiros e palácios. Os chefes religiosos, mediante uma plutocracia, mantinham o povo na crença, com seus dogmas, rituais e discursos. Superstição, persuasão e hipocrisia se tornaram a moeda de todas as religiões organizadas do Oriente e do Ocidente. E o que é mais sagrado escapou pelas suas portas, não importa quão valiosas elas fossem.

Assim, o homem deve começar a redescobrir o que é aquilo que é eternamente sagrado, para jamais ser capturado por intérpretes, padres, gurus ou pelos vendedores de meditação que andam circulando. Você tem que ser uma luz para si mesmo. Essa luz *nunca* pode ser dada por outra pessoa, por mais respeitada pela tradição que ela seja, ou por qualquer filósofo ou psicólogo. Liberdade verdadeira é ficar sozinho, desapegado e, na ausência do medo, livre para compreender o desejo que dá origem à ilusão. Há uma imensa força em estar na solitude. É o cérebro condicionado, programado, que nunca está nesse estado, pois está abarrotado de conhecimento. Aquilo que é programado, tanto religiosa como tecnologicamente, é sempre limitado. Essa limitação é o principal fator do conflito.

A beleza é perigosa para o homem que deseja.

12 de agosto de 1981

Há uma árvore com pelo menos várias centenas de anos na margem daquele rio extenso; ela tem folhas em abundância, cada galho coberto por elas, que brilham na luz da manhã, cada folha balançando na brisa. O rio era muito largo, profundo com água corrente, cristalina. Papagaios, martins-pescadores, papa-moscas e outros pássaros eram sempre mais ativos durante as manhãs e ao entardecer. Os papagaios verdes e brilhantes eram os mais barulhentos, gritando de uma árvore para outra, com seu voo em zigue-zague. Os papa-moscas, com seu azul brilhante, não eram tão ruidosos, e ainda permaneciam nos galhos. De repente, eles voaram alto e mergulharam na água. Enquanto isso, os papa-moscas verdes estavam em árvores mais próximas, com suas penas de um verde-dourado brilhante.

O rio fez um caminho dourado devido ao sol que nascia sobre as árvores na outra margem. À medida que subia, as águas do rio ganhavam vida, dançando, e as ondulações se perseguiam mutuamente; era um jogo sem fim que as ondas brincavam durante todo o dia, parando apenas quando o sol se punha a oeste. Havia pequenos barcos subindo e descendo o rio, cheios de moradores cantando e outras vezes, curiosamente, num melancólico silêncio. É um rio fascinante e, como todos os grandes rios, ele é sagrado. Rios não têm nomes de fato, são grandes correntes de água; o homem lhes dá nomes; assim, torna-os locais, apropriando-se, desse modo, deles.

Todas as manhãs, um pequeno macaco marrom ficava no galho mais alto daquela antiga árvore, aquecendo-se e olhando para o seu território. Então, depois de alguns minutos, ele desaparecia, para reaparecer na manhã seguinte. Nós nos observávamos regularmente; ele sempre olhava para ver se alguém estava olhando para cima. Após um ano, ele já não estava mais lá. Aquela velha árvore era muito bonita; sobressaía diante de todas as outras. Era o lar de muitos pássaros. As pequenas corujas-orelhudas viviam lá, e à noite elas saíam com seu grito estridente e escandaloso, fazendo voos curtos até ficar bem escuro; também era possível ouvi-las durante a noite. E, de manhã, lá estavam elas, sentadas juntas e se aquecendo. Em seguida, desapareciam pelo dia afora.

Ele costumava sentar-se sob aquela velha árvore antes de o sol nascer, na quietude do amanhecer, quando o mundo ainda estava em silêncio. O grande tronco era enorme, apaziguante, uma vida de várias centenas de anos. Ele se sentava ali completamente imóvel, sem um único movimento de pensamento, numa ausência de tempo, num completo vazio, com a essência da ordem absoluta e, portanto, do universo. Lá estava o sol entre as folhas, formando sombras salpicadas. As folhas estavam despertando. A cada ano oferecia o silêncio, que é próprio das árvores, e a cada ano ficava mais velha e definhava lentamente. Quando ele voltava, via perder suas folhas, mas ainda era bonita. Dois anos depois, ela se foi, e em seu lugar estava uma pequena planta do mesmo tipo, protegida e cuidada. Toda a natureza é bela em sua morte.

O homem sempre se preocupou com a morte, em todas as culturas, em todas as civilizações, adorando-a ou com medo dela, ou então a considerando um meio para uma vida melhor ou mais plena, carregando consigo as coisas que tinha nesta vida. Seu cachorro, seus bens e até mesmo sua esposa, se você a amasse. Ou talvez exista apenas esta vida, e a morte seja a extinção total. Viva com retidão nesta vida e seja recompensado por isso na próxima. Acredite nisso, tenha fé, e o céu lhe abrirá as portas; caso essa fé projetada lhe seja negada, então é claro que existe o outro lugar. O homem elaborou uma infinidade de crenças, muitas recompensas e punições; mas, não importa o que você faça, o final está sempre ali, inexorável.

"Tenho estudado assiduamente seus ensinamentos por alguns anos, participando de suas palestras sempre que possível, e tenho uma coleção de seus diálogos com professores e psiquiatras. Como advogado, sou bastante lógico e creio ser objetivo. Meu pai, que também era advogado, morreu há alguns anos. Eu tinha uma família. Meu filho estava dirigindo com a mãe, e um caminhão os atropelou; ambos morreram de imediato. Foi um grande choque para mim, e me afetou profundamente. Sinto-me bastante culpado. Vou poupá-lo dos detalhes do meu sofrimento e solidão, do vazio da vida e da falta de sentido que aquele acidente me provocou. Vim até você para falar sobre o significado da morte. Gostaria de passar algum tempo junto com você e conversar sobre essa terrível desgraça."

Ficamos em silêncio por vários minutos, pois ele estava profundamente comovido. A vida é algo triste, parece não ter qualquer significado e que nunca terminará.

"Lamento desabafar; tem sido uma luta solitária e desesperada. Sei e sinto profundamente que você compreende tudo isso. Por favor, gostaria de falar sobre isso; não sobre o acidente em si, mas sobre o fim da vida."

Seria possível olharmos juntos para o fato da morte, a morte de todos os seres vivos? Espero que você não se importe, embora esse acidente tenha sido bem recente, em observar como o homem enfrentou a morte até os dias atuais. Ele inventou todos os meios para fugir do inevitável fim, sempre buscando alguma forma de continuidade, alguma explicação reconfortante, seja ela racional ou não – a negação de tudo relativo a esse assunto. Você decerto deve estar ciente disso tudo. Será que podemos deixar isso tudo de lado e nos preocupar inteiramente com o que é a morte e quem morre? Por favor, senhor, não há crueldade nessa pergunta, e espero que você entenda. Quem é que morre e o que é a morte?

"Estou fazendo o meu melhor, e peço que seja paciente. Se você entrasse nisso passo a passo, eu lhe ficaria muito grato."

Quem é este que morre? O pai, o filho, a esposa, o irmão, que são separados de mim, indivíduos separados em nome, forma, características, capacidade e assim por diante; indivíduos com suas idiossincrasias peculiares internas, tanto biológicas quanto psicológicas. Cada um de nós pensa e age distinta e diferentemente um do outro.

Achamos que cada um de nós tem o próprio destino, futuro, liberdade de escolha, liberdade para agir de modo independente. Em nossos apegos, seja à família, à experiência ou às convicções, existem esse sentimento e certeza que asseguram a cada um de nós que somos indivíduos separados e profundamente singulares. Essa é a tradição, a sanção religiosa, a lei e a educação que nos é dada.

"Até aqui estou acompanhando."

Embora há milhares de anos nos digam que somos seres individuais, será que somos mesmo? Nossas almas, nosso ser, nossa existência é separada, única – será que é assim? Os chamados "indivíduos" em todo o mundo encontram-se todos dentro de um terreno comum de sofrimento, tédio, solidão, ansiedade, insegurança, eterno conflito, com alegrias ocasionais e com o prazer e a tristeza comum a toda a humanidade. Essa é a base fundamental sobre a qual se assenta toda a humanidade, seja no Oriente, seja no Ocidente. Toda a nossa consciência é composta disso: a coletividade, o determinado grupo ou mesmo a família. O conteúdo da nossa consciência é composto de tudo isso: nossas crenças, nossas certezas, nossos ideais, e assim por diante.

"Estou acompanhando você até agora, talvez apenas intelectualmente. Seus argumentos até agora parecem lógicos e passíveis de constatação. Por favor, prossiga."

Isso não é para ser entendido de modo intelectual, mas é um fato real que todos os seres humanos são profunda e fundamentalmente semelhantes, embora sua cultura e educação possam variar. O ser humano é violento, pronto para matar pelos seus ideais, pelo seu território, pelos seus deuses. Esse é o pano de fundo comum de todos os seres humanos. Claro, há raras exceções, mas a consciência de um é a consciência de todos. Você é a humanidade inteira. Você é o mundo e o mundo é você. Esse não se trata de um ideal a ser alcançado, uma utopia a ser buscada. Essa é uma realidade viva, real, não um conceito reunido por experiências e pelo pensamento. Simplesmente é assim. Então, quando alguém compreende isso, o que é de fato um indivíduo? Ele existe mesmo ou é um conceito ilusório, uma tradição que aceitamos sem duvidar, sem questionar? Todas as religiões sustentaram a individualidade, com uma alma separada e assim por diante. Essa é uma das causas da divisão que deve invariavelmente trazer conflitos entre os seres humanos e dentro de si mesmo. Onde há divisão entre nações, religiões, crenças, deve haver conflitos, guerras e toda forma de crueldade. Isso não é uma opinião, mas uma lei.

"Senhor, você se importaria se eu perguntasse o que acontece com meu filho depois da morte?"

Esta é uma pergunta que quase todo mundo faz sem antes investigar profundamente. Quem é que morre?

"Ele é absorvido pela consciência comum? Ele deixa de existir? Isso é difícil de aceitar. Não consigo sentir em meu âmago que seja assim. Eu amava meu filho e minha esposa, eles estão lá na casa em meus pensamentos, e é tão horrível, cruel, considerar que eles se tornaram parte da consciência humana total. É uma ideia terrível."

Perdoe-me, senhor, por apontar que havia alguns minutos nós dois parecíamos concordar sobre a lógica e a sanidade do ambiente em que todos os seres humanos se encontram, o terreno do sofrimento, da solidão, da ansiedade e assim por diante. Esse é o conteúdo de toda a assim chamada consciência individual. Esse conteúdo é semelhante, comum a toda a humanidade. Você vê isso, objetiva e desapaixonadamente, como um fato, ou não?

"Desapaixonadamente, essa é a dificuldade mais dura. É um conceito maravilhoso intelectualmente, mas no meu coração eu não sinto isso; ele ainda está apegado ao meu filho e à minha esposa, como seres humanos separados e distintos."

Mais uma vez, perceba essa divisão entre a compreensão intelectual e o apego emocional, provocando assim um conflito interminável. Por que existe essa divisão?

"É bastante óbvio. Estou apegado à imagem que tenho do meu filho e da minha esposa. Essas imagens são reais, elas estão ali, como associação e memória. Eu quase posso ouvi-los falando, o tom de suas vozes. É tão triste e ao mesmo tempo dolorosamente evidente."

A realidade das memórias passadas, a realidade do terreno comum e as lembranças de coisas passadas – essas lembranças também são, de certa forma, reais; essa realidade é algo que acabou e se foi. Nós nos apegamos àquilo que se foi, que desapareceu. Ou seja, o real é rejeitado por nós, e nos apegamos àquilo que é memória, algo morto. Por favor, perceba que não se está sendo cruel. Aquilo que se foi se tornou mais importante do que aquilo *que é*. Enquanto permanecermos nesse campo de consciência, com sua ilusória individualidade, sempre se repetindo, haverá tristeza e uma infinita solidão.

"É muito difícil, muito doloroso desistir de todas essas memórias queridas e carinhosas. Eu quase choro ao deixá-las ir. E então o sofrimento permanece."

Não, senhor. O sofrimento existe enquanto o conteúdo da consciência persiste. A percepção dessa verdade é o fim do sofrimento.

"O que haverá então? Se eu deixar ir embora todo o feixe de memórias, o que restará, senhor?"

Abandone essas memórias completamente e verá o que acontece.

"Você dirá amor, compaixão e inteligência, um movimento único, indivisível. Poderia ficar com você por mais alguns momentos?"

14 de agosto de 1981

Há uma velha e frágil ponte sobre um pequeno riacho. Ela é feita com bambus altos amarrados ao que se parece com pedaços de corda e argila das margens do riacho. É preciso ter bastante cuidado ao atravessar essa engenhoca, pois há grandes buracos nela. Esse riacho, contendo bastante lama, mais abaixo se junta ao grande rio e lá os peregrinos, homens e mulheres, vêm para se banhar, pois onde as águas estreitas se encontram com esse rio volumoso é um local sagrado. Lá, os velhos e os jovens se banham com suas roupas cotidianas, que vão secando ao sol, enquanto eles retornam lentamente às suas casas. Sobre essa ponte provisória, que pode ser arrastada pela água quando as chuvas chegam, os moradores passam com latas de leite em suas bicicletas, as mulheres seguem carregando na cabeça fardos de madeira, feno, vegetais e tudo o que suas aldeias produzem. De manhã cedo, esses pobres moradores cruzam o riacho em sua perigosa ponte vindo da cidade, conversando alegremente. É uma vida triste, escassa e sofrida, mas eles parecem estar sempre conversando e rindo.

Certo dia, um grupo estava construindo outra ponte rio acima, com bambu verde robusto e recém-cortado, com toda a precisão e cuidado. O bambu longo verde e brilhante ao sol era amarrado a estacas firmes para evitar que alguém caísse. Essa nova ponte era uma obra de arte, extremamente forte e simples, com degraus que desciam até ela em ambos os lados do riacho. Qualquer pessoa importante poderia atravessá-la com sua comitiva. Os construtores começaram de manhã cedo e terminaram muito antes do meio-dia. O piso da ponte era liso e firme, sem buracos, diferente da outra. Os trabalhadores aguardaram, e os moradores se reuniram para assistir. Naquele momento, um líder político-religioso, com um grande número de seguidores, atravessou a ponte cheia de guirlandas sem olhar para cima ou para baixo do riacho, sem saber da outra ponte, e foi recebido na margem oposta por uma grande multidão, que o conduziu até a estrada. Estavam todos conversando, mas não rindo. Antes do anoitecer, a bela ponte havia desaparecido. Não havia vestígios dela, nem mesmo os degraus. A outra ponte permanecia, cobrando um pedágio de todos os que ali atravessam. Ele quase derramou lágrimas de seus olhos.

    Depois de deixar a ponte e aquela vila pouco cuidada, e ir bem para o norte, entre as grandes montanhas, ele se hospedava numa casa. Era uma casa isolada com grandes jardins e tratados precariamente, cheios de ervas daninhas, com uma ou duas rosas em flor. Era uma casa diferente, com cômodos grandes, vazios, exceto por uma cama velha e uma cadeira mais velha ainda. Não havia banheiro e nenhum vaso sanitário, mas tinha uma torneira de água corrente, e nada conveniente. As janelas não tinham vidro e havia vários buracos no chão. As cartas costumavam sumir, e a gente se perguntava por quê. Então descobrimos uma caixa azul de papel de carta, presa em um daqueles buracos. Os ratos cuidavam deles. Em uma semana, os bule-bule estavam comendo passas da mão da gente. Esses pássaros eram insaciáveis; sentavam-se nas barras da janela e ficavam cantando. Eram lindos, pretos, com suas penas da cabeça apontadas para cima; o formato de suas cabeças era simétrico como de todos os pássaros e sua plumagem era como se tivesse sido polida.

Certa manhã, como se estivesse praticando algum tipo de ioga, havia alguém fazendo uma grande sombra na janela. Era um grande macaco selvagem, de rosto preto, com uma cauda longa e curva, seu corpo coberto por pelos cinza e macios. Ele provavelmente deveria estar se perguntando por que aquele humano estava tão imóvel. Ele estendeu seu longo braço com uma mão aberta. Mantivemos nossas mãos juntas por algum tempo, olhando um para o outro com admiração, sem qualquer sensação de medo. Era a mão mais maravilhosa que alguém segurava, dedos longos, extraordinariamente macios, flexíveis, estreitos e quentes. Apenas a palma era áspera. Ele não queria soltar, mas o tempo interveio e ele desapareceu sobre o telhado, sem dizer uma palavra sequer de adeus.

Era uma manhã adorável depois de dias e dias de chuva, com o céu azul-claro típico de grandes altitudes, o ar limpo da poeira do verão, e havia um esplendor na terra. No vale, centenas de peregrinos subiam lentamente por uma trilha estreita. Eles vinham de todo o país, alguns com botas pesadas e outros descalços, alguns com roupas quentes e pesadas e outros apenas com um pano branco recém-lavado; as mulheres usavam vestidos brilhantes e as mais velhas com sedas cor de fulvo ou algodões simples. Havia monges em túnicas cor de açafrão com longas bengalas, e também meninos e meninas já crescidos. Não havia muita conversa, pois o caminho era íngreme. Ao chegarem a um lugar bastante largo e plano, todos pararam, antes de continuar sua longa jornada de muitos dias, rumo ao ponto alto de sua peregrinação, um templo entre as rochas e cavernas.

Esse tipo de peregrinação acontece em todo o mundo, talvez de uma forma não tão extenuante e perigosa quanto esta; alguns dos peregrinos rastejavam de quatro. Entretanto, é o mesmo sentido, seja no Oriente, seja no Ocidente; o mesmo sentimento de dedicação e devoção. Em formas diferentes e variadas, essa peregrinação acontece século após século, talvez não com tanta frequência nos tempos atuais. Hoje as pessoas preferem entreter-se em boates, casas de jogos e resorts.

Com um amigo, observávamos em silêncio essa procissão, aparentemente interminável, quando ele disse um tanto hesitante: "Eu já estive numa peregrinação, fazendo votos e todas as formas de abstinência carnal, para uma imagem, num templo longínquo. Dizem que a imagem tem milhares de anos. Quando vejo todas essas pessoas, me junto a elas, preenchido por um inexprimível mistério e abandono, colocando de lado toda a minha responsabilidade. Eu era como um soldado seguindo ordens. Me encontrava seguindo o chamado daquela imagem, obedecendo como o soldado faz, embriagado com a ideia de patriotismo; e eu me embriagava na devoção àquela imagem. Somos todos doentes, às vezes sãos e outras vezes insanos, movidos por ideias, ódio ou devoção. Agora me sinto são, talvez por estar aqui em cima, longe do meu trabalho e com você. Por que somos tão profundamente comprometidos com símbolos e imagens?".

A construção de imagens – seja pela mão, seja pelo cérebro – está presente em todos nós: a bandeira, a imagem no templo ou na igreja, a imagem de nós mesmos e dos outros, as imagens do estrangeiro, do violento e assim por diante. Por que cultivamos essas imagens e símbolos, e quem é o cultivador? "Quem é o cultivador?" é uma questão muito mais importante do que aquilo que ele cultiva. Qual é o mecanismo, a entidade que concebe e projeta a imagem? É o desejo, é o pensamento ou algum elemento completamente diferente? Se é o desejo, buscando satisfação na segurança, na posse de coisas ou em ideias de perfeição, de se tornar bem-sucedido no mundo ou na chamada existência espiritual, quem é o criador das imagens? Se é o desejo, qual é a sua origem?

Pode-se encontrar o início de um rio rastreando-o pelas cidades, vales, montanhas e assim por diante. Então, igualmente, pode-se encontrar o início do desejo. Existem vários riachos que dão o volume à água do rio onde desembocam. Logo, existem vários fatores que compõem o desejo, por mais forte e apaixonado que seja. Os objetos do desejo podem variar, podem ser nobres ou degradantes, mas o desejo é constante. O que é o desejo? O elemento principal é a sensação do tato, do olfato e da visão. Essa sensação ou é parcial, ou então todas essas respostas sensoriais agem juntas. Quando agem juntas, a energia motriz do desejo se enfraquece, mas dificilmente, a não ser no caso de uma grande crise, respondemos a ele totalmente. A resposta parcial é que é um problema.

"Eu nunca ouvi você dizer para responder com todos os nossos sentidos. Você se importaria em explicar o que quer dizer com isso?"

Você vê aquela montanha com sua cachoeira? Você a vê apenas com seus olhos? Você a ouve apenas com a audição dos ouvidos? Você sente o cheiro somente desses milhares de flores silvestres? Se você fizer isso, é apenas um despertar parcial dos sentidos; mas, ao observar aquela montanha, a cachoeira e as flores com todos os seus sentidos, despertos, então existe a qualidade de um todo em sua plenitude. Essa percepção é ordem absoluta.

"Não tenho certeza se compreendi a profundidade da sua afirmação. Estou certo de que não quer dizer que se restringe apenas ao campo sensorial – o despertar total da atenção é uma questão completamente diferente. Por favor, continue."

Estamos falando sobre o desejo, os objetos de desejo construídos pelo pensamento ou pelas mãos do homem, e como esse desejo surge. O desejo é sempre parcial, pois ele nunca é satisfeito; sempre há uma medida nele: quanto mais, melhor. Toda ação nascida do desejo é inevitavelmente parcial e, portanto, gera conflito. Como estávamos perguntando, o que é o desejo com sua energia e paixão? Sem sensação, não há desejo. Como o desejo surge a partir da sensação? Primeiro há a visão, a percepção visual; depois, há o contato, o toque e, então, a sensação. Então vem uma resposta completamente diferente, a resposta do pensamento. O pensamento cria a imagem de você naquele carro ou terno. Quando o pensamento cria a imagem, naquele instante o desejo nasce. Pessoas religiosas, monges no mundo todo, tentam escapar disso de várias maneiras, ou então tentam suprimi-lo, mas estão sempre ardendo em chamas com isso, nunca compreendendo ou investigando o movimento do desejo. Desejar comida, roupa e abrigo é uma coisa natural e necessária, mas desejos psicológicos provocam problemas e confusão.

Como a sensibilidade, as sensações também são naturais, sadias, mas, quando o pensamento entra com suas imagens, seus cenários, então o problema começa com toda sua dor e sofrimento.

"Por que o pensamento cria imagens, todo esse mundo de imaginação? É possível alguém se livrar delas? Elas podem ser úteis para o artista ou poeta, mas na vida cotidiana, contudo, nós também não precisamos delas, elas não fazem parte da nossa existência? Sem imagens, o que seríamos? A própria ideia já me parece assustadora."

O conhecimento é a imagem. Conhecimento é a base da vida de uma pessoa. O conhecimento salva vidas, mas ele também as destrói. O conhecimento pode ser classificado; portanto a ignorância existe. Ignorância e conhecimento são inseparáveis, e isso induz ao conflito. Nós enaltecemos o conhecimento e esquecemos a sombra obscura da ignorância. Conhecimento é a vasta experiência da humanidade, armazenada em livros e no cérebro, que é a máquina de gravação atemporal, o inventor de deuses, bombas atômicas, torturas e rituais de adoração. O conhecimento produz o medo, o prazer e o sofrimento.

Saber é sofrer. O homem espera alcançar o céu, a paz através do sofrimento, que é um conhecimento. Você conhece sua esposa e filho; é por isso que você sofre. Conhecimento é a palavra, a forma, as lembranças, a imagem. Mas a palavra não é a pessoa viva, e sim suas lembranças. A imagem permanece, e isso é a tortura, o sofrimento, a solidão total. A beleza não é a imagem ou aquela montanha com suas águas correntes. O conhecimento de tudo isso não é *aquilo*, nem são todas aquelas suas lembranças da sua esposa e filho. E o que está sendo dito não se trata de algum tipo de crueldade.

Por que o pensamento reúne tantas imagens sobre si mesmo e sobre os outros, sejam elas familiares ou não? É uma forma de segurança, algum tipo de garantia, para obter uma certeza? Quando você tem uma imagem sobre o outro, existe segurança em seu ser. E aí se estabelece uma rotina, uma indulgência. Você *conhece* sua esposa, e ela é isso. Essas imagens sobrepostas umas às outras, ao longo de dias ou anos, são as causas do conflito entre seres humanos, entre nações, raças e classes. A formação dessas imagens pode chegar a um fim?

"Me parece muito difícil não formar imagens. Eu me forcei, quis não as ter, mas é quase impossível."

Isso levanta outra questão. Quem é o controlador, a vontade que deseja acabar com a criação de imagens? A imagem é separada, diferentemente do controlador, o criador da imagem? Eles não são uma coisa só? O controlador e aquilo que é controlado formam uma coisa única. Não existe separação entre o observador e o observado, eles são um só. É o pensamento que divide, que dá origem à fragmentação, pois o próprio pensamento é limitado; é o resultado do conhecimento, que por si só já é um fragmento. Quando você tem a percepção dessa verdade, apenas então o cérebro cessará de registrar, e a criação de imagens se findará. O cérebro está registrando de modo constante tanto o que é necessário como o que não é. É necessário registrar onde se vive, a língua, as habilidades e assim por diante, mas será de fato necessário registrar psicologicamente?

"A criação de imagens pode cessar naturalmente, sem nenhuma compulsão, sem nenhum esforço?"

Apenas quando há um *insight* sobre a natureza e a estrutura do pensamento, que é o criador das imagens. Só então há um cessar da criação de imagens. O *insight* não tem causa, não tem motivo, e é a atenção pura.

16 de agosto de 1981

Na região de Sierras, na Califórnia, não havia uma alma sequer à vista. Subia-se indefinidamente por uma trilha com muitas pedras entre pinheiros esparsados. O dia estava claro e quente, quase tórrido. Era um bom dia para caminhar na montanha; havia uma leve brisa que carregava o cheiro quente dos pinheiros. As enormes sequoias que ficaram para trás, na parte baixa, os nativos americanos as chamam de "árvores silenciosas". E elas de fato são silenciosas, imóveis, quase alcançando os céus. Estar entre elas é perder toda a noção do tempo. Elas estavam lá muito antes da história. As "silenciosas" tinham resistido com uma imensa grandiosidade. Tendo as deixado para trás, o caminho pedregoso subia numa encosta íngreme, longe do homem e de todo ruído. Não existiam edifícios naquela altitude, e o silêncio era absoluto. A brisa tinha parado, e bem abaixo estavam os lagos, os riachos caudalosos e as casas do Parque Nacional. Era uma visão magnífica; as Sierras pareciam nunca acabar, e ao longe avistavam-se montanhas cobertas de neve, quase perdidas em uma névoa. Elas pareciam estar flutuando no ar, insubstanciais e intocáveis. Sentia-se ali a imensidão do vasto espaço e perdia-se totalmente a noção de realidade.

Ao descer por um caminho bastante irregular, igualmente difícil, havia um pequeno espaço aberto, com muito verde e fresco. Ao fazer uma curva, havia um enorme urso-pardo escuro com quatro filhotes, do tamanho de grandes felinos. A mãe os empurrou para cima de uma árvore; eles subiram furiosamente e dava para ouvir o barulho de suas garras na casca. A mãe estava bloqueando o caminho, postando-se firme com suas quatro patas peludas no chão, e nos encarando. Olhamos um para o outro sem fazer qualquer movimento. Ficamos ali, sem medo, e de imediato a ursa se virou e seguiu seu caminho. Ele nunca percebeu o perigo daquela situação; só foi perceber quando o incidente foi relatado ao guarda florestal. Ele ficou furioso, exclamando que a ursa poderia ter arrancado pedaços, ou matado um de nós, principalmente porque seus filhotes estavam ali. Mas a enorme ursa com seus pequenos filhotes, as montanhas como que suspensas e cobertas de neve e a vasta quietude dissiparam todo o medo e perigo.

O homem sempre buscou a verdade – não a verdade mítica, a verdade dos livros ou as afirmações dos sacerdotes. Claro, os políticos nunca a encontrarão, nem os político-religiosos e certamente nem aqueles ligados às tradições. Apesar de tudo isso, o homem sempre buscou a verdade. Ao buscá-la, ele foi enredado por filosofias, pelos hinos sagrados, por toda a estupidez romântica do pensamento. Ele olhou e procurou em todos os lugares distantes, em todos os santuários, em todas as estruturas construídas pelo homem. E ela sempre o iludiu, exceto para alguns poucos afortunados. O que é a verdade e o que é a realidade? Uma pessoa pode compreender o que é a realidade, mas a outra não. A realidade deve ser entendida pelo cérebro com seus sentidos ou razão ou lógica – ela compõe todas as coisas que ele acumulou, mas a floresta, o tigre, aquele cachorro preto não são feitos pelo pensamento; a palavra representa algo, mas não é o riacho. Eles são realidades, mas não o produto do pensamento. Os deuses em todos os templos do mundo são realidades inventadas pelo pensamento e, portanto, construídos pela mão do homem. Elas são realidades, como o são as ilusões e os ideais.

"As coisas do pensamento e da natureza são dois fenômenos distintos", disse um visitante. "Isso é bastante claro e razoável. Você está dizendo que o que não é pensamento é a verdade? Você disse que as coisas do pensamento e o próprio pensamento em si são a realidade, e em si mesmo isso nunca será sagrado. Isso novamente é bastante compreensível para qualquer pessoa inteligente."

Não se pode ter tanta certeza de que isso seja aceito pelo homem dito "inteligente". Se de fato ele o fizesse, os templos e igrejas se esvaziariam da noite para o dia. É muito difícil e temerário ter a percepção, não verbal ou intelectual, de que o pensamento, com suas ilusões e imagens, sua lógica e ideais, é muito limitado e que sempre será assim. A paz não pode ser um produto obtido a partir do pensamento, por mais que ele possa se organizar nesse sentido. A paz não pode ser comprada por meio de oração, disciplina ou qualquer organização, seja religiosa, seja secular. Para haver paz, é necessário viver na paz.

"O que você está dizendo, na realidade, é quase impossível de viver no mundo moderno. Nossa existência é uma série de intermináveis lutas e conflitos. Estamos aprisionados nessa eterna turbulência até morrermos."

Somos educados para lutar, para nos tornarmos alguém de destaque. Esse tipo de aprendizado é a essência de nossas vidas: tornarmo-nos seres "espirituais" e sermos bem-sucedidos no mundo exterior. O sucesso é recompensado, enquanto a verdade não é uma recompensa; aquilo que é, aquilo que é inominável, não pode ser alcançado como um objetivo. Não está lá, ao final de uma longa e extenuante disciplina, sacrifício ou abstinência.

"Então o que se deve fazer? Se nada disso levará a ela, então não há nada a ser feito."

Por favor, entenda que, faça o que quiser, o pensamento não pode compreender ou perceber isso. Mas vamos continuar explorando essa impotência do pensamento, apesar de ele ser capaz de construir represas, computadores, comunicações rápidas e assim por diante.

Primeiro de tudo, a verdade não é um ponto fixo; não é estática; não pode ser medida por palavras; não é um conceito, um ideal a ser alcançado. Mas veja o que os seres humanos fizeram, o que o pensamento concebeu. Antigos habitantes daquela parte do mundo, hoje chamada Índia, conceberam três caminhos principais para esse incomensurável – o caminho do conhecimento, o caminho da ação e o caminho da devoção. Eles disseram que todos eles eventualmente poderiam conduzir a isso. Esses três modos de vida são baseados em diferentes capacidades, diferentes temperamentos; o romântico, o emocional, o ativo e o intelectual. Existem também o caminho cristão, o budista e o islâmico, com diferentes crenças, fés e dogmas. O pensamento é a origem de todas essas ilusões, separatistas e tão conflitantes, tão destrutivas.

"Percebo que esse é o verdadeiro estado do mundo em que vivemos. Alguns poderiam argumentar contra essas realidades, mas os argumentos seriam meramente dialéticos, uma opinião contra outra. Tudo bem, e aí o que vem depois disso?"

Quando alguém tem a percepção da completa limitação do pensamento, que ele não pode compreender o incomensurável, que o pensamento está funcionando a partir de apenas uma pequena parte de todo o cérebro, e nossos sentidos não estão agindo como uma totalidade, a percepção profunda desses fatos traz a ação a partir daquela energia que não é a energia da memória e do conflito. Isso é *insight*. O cientista, o artista, o poeta têm *insights*, mas são parciais – esperamos que eles nos perdoem por afirmar isso. Apenas o homem verdadeiramente religioso tem esse *insight* total e definitivo.

18 de agosto de 1981

O milagre de uma cachoeira, o milagre de uma árvore, ou de uma nuvem! O homem é encantado por milagres, algum acontecimento extraordinário, não natural, inexplicável. Uma flor é o maior milagre do mundo; é uma coisa cotidiana e comum. O nascimento de uma criança, o motor a jato e o esplendor de uma catedral são todos milagres também, mas constituem uma visão comum, e passamos por eles com um olhar e uma memória efêmera. Buscamos algo além da razão e da sua explicação. A imposição de mãos, uma cura sem remédios ou cirurgia, uma cura a distância – há inúmeras formas desses fenômenos. O pensamento está sempre sondando o mistério do inexplicável. Existem os que realizam milagres, mas eles mesmos não são o milagre. Existem aqueles que levitam, desafiando a gravidade, e existem também aqueles que tentam ensinar como levitar em uma única aula. Aqueles que ensinam isso não negaram a gravidade. O ceticismo é saudável, e a dúvida elimina todas as ilusões. Isso por si só já é um milagre. Alguns fizeram várias dessas coisas, mas e depois? Fizeram almejando uma reputação para si, o que é uma bobagem. Juntar dinheiro em nome da religião, da santidade e do *status* é infantil, totalmente imaturo.

Alguns de nós estávamos sentados numa varanda à noite; o sol já havia se posto, estava fresco com uma brisa fresca vinda do norte, das neves distantes. Nenhum de nós bebia. Éramos oito, quatro professores da universidade, dois acadêmicos muito conhecidos e um leigo. Estávamos conversando sobre a natureza da mente, seus enganos, ilusões e os truques que ela prega. Havia algumas contradições naturais, mas no geral havia certo consenso, passional e desconexo. Ainda estava bastante claro, e dava para ver as rosas em plena floração. Foi uma noite agradável, apesar da conversa. Houve silêncio por um longo tempo, um tímido aquietar. As silhuetas das árvores contra o céu escuro eram maravilhosas.

Nesse silêncio, a voz gentil e hesitante do serviçal interrompeu. Ele disse que havia um estranho esperando para nos ver. Ele parecia um mendigo, com muito pouca bagagem, um tanto tímido e desajeitado. Ele disse que gostaria de nos mostrar algo. Apontando para mim, ele continuou dizendo que não iria hipnotizar ninguém pois "você é um homem religioso e santo", e, como os outros estavam lá, não haveria hipnose. Os outros sorriam e se perguntavam do que se tratava. Havia um grande canteiro de rosas ao redor do qual havia uma estrada para carros. O homem estava sentado do outro lado do canteiro de rosas, a uns sete passos da varanda. Ele era um homem pequeno, muito magro, quase raquítico. Ele pediu que trouxessem um jornal. Ele foi então dobrado no meio, e novamente, um lado sobre o outro, e foi colocado num dos degraus. O homem não o tocou em nenhum momento; estava sempre nas mãos de um dos integrantes do grupo até que fosse deixado no degrau. O homem nos pediu para manter os olhos no jornal dobrado. Ele havia fechado os olhos. Alguns de nós observavam o jornal, e outros olhavam para o homem. Então, enquanto nós oito observávamos o papel, ele começou a ficar cada vez menor e, de repente, desapareceu totalmente. Não estava lá no degrau. Não era um truque de palco; o homem não pegou dinheiro, mas oferecemos comida e ele aceitou. Ele explicou que fizera um voto à deusa que havia dado esse presente de nunca tocar em dinheiro, mas aceitar algum pano para o seu corpo e comida. Nunca mais o vimos. Houve muita especulação depois que ele foi embora. Não havia dúvida de desaparecimento daquele jornal nem de ser um truque de mágica. Não fomos hipnotizados; éramos um grupo bastante cético, e alguns de nós já tínhamos testemunhado fenômenos estranhos. Não éramos pessoas crédulas.

Existem milagres, mas não à venda. Aqueles que têm esse dom nunca buscam publicidade, jamais o fazem por dinheiro e nunca se dizem religiosos ou espirituais. Outros fazem deles o que querem que sejam. Mas eles os evitam; certamente não querem seguidores em nome de Deus. Eles não são homens santos; são pessoas comuns com certa capacidade.

É estranho como o homem vai atrás do oculto, dos gurus, daqueles que lhe dão, por meio de drogas e outros meios, experiências incomuns. Livros são escritos sobre isso, seres estranhos em lugares distantes que instruem e guiam; iogues que estão ganhando enormes quantias de dinheiro. Dinheiro, poder, *status* e, claro, arrogância constituem a base daqueles que têm algo a vender no chamado "mundo espiritual". O homem, insatisfeito com experiências sensoriais comuns, anseia por experiências supermisteriosas, por meio de drogas, pela repetição de mantras, por meio de exercícios iogues, e assim por diante. Nada disso compensa o esforço, a despesa, e o que vem a seguir. A repetição é em vão, seja no templo, seja na igreja ou na mesquita; esses rituais são totalmente sem sentido. O mantra, cujo verdadeiro significado é meditar sobre o não ser e deixar de lado toda atividade autocentrada, pode ser comprado e ser repetido mil vezes. Isso entorpece o cérebro, mas não se constitui no fim do eu. Por meio de certas palavras ou por meio de drogas, rituais, adoração ou orações, você não acaba com o conflito do mecanismo egoico.

O maior mistério é você mesmo; a história de si mesmo, cujo livro apenas você pode ler. Os analistas, aqueles que explicam o que você está falando, têm os próprios problemas e confusões. A história de si mesmo é a história de toda a humanidade. Ler esse livro como ele de fato foi escrito, sem interpretá-lo à luz de suas projeções, sem motivo ou direção, torna-se o maior desafio. O mundo externo, a sociedade da qual você faz parte, está se degenerando rapidamente, repleta de perigos e guerras. Cada um de nós é responsável por isso e responsável por si mesmo, por seus pensamentos e ações. Para ler esse livro que se traduz num mistério, é necessário liberdade. O estudante é livre para ler um livro sobre qualquer assunto, mas ele está distraído; se entretém, mas ainda assim é curioso. Se você não está curioso sobre si mesmo ou se satisfaz fácil e superficialmente, então as drogas, os infindáveis rituais desprovidos de sentido, os livros autocentrados e os distantes instrutores, cujos discípulos escreveram sobre eles, serão a sua distração. E desse modo você acaba por tornar-se um completo irresponsável.

Por isso, aprenda diligentemente sobre si próprio. Você pode ler o livro inteiro de si mesmo de uma só vez, ou ler página por página, capítulo após capítulo, até o fim dos seus dias. O tempo não é um fator nessa qualidade de aprendizagem.

19 de agosto de 1981

No zoológico, contra montanhas e árvores verdejantes, havia dois maravilhosos tigres. Eles eram aparentemente pequenos, mas tinham uma dignidade e força imponentes. No momento, eles se deitaram na grama, suas cabeças estavam voltadas para nós. Havia pouquíssimas pessoas por perto, e uma estranha comunicação parecia ocorrer entre o observador e o observado. Mas quem era o observador: aqueles dois ou o outro? Essa comunicação permaneceu até que algumas crianças chegaram, gritando e rindo. Então os tigres se levantaram e se retiraram por entre as árvores. Eles pareciam ter uma energia enorme, como um dínamo ambulante.

Nós desperdiçamos nossa energia ao usá-la mal, com pensamentos e ocupações constantes. Mesmo durante o sono, o cérebro está ativo. Temos uma energia incrível. Veja o que fizemos no mundo: construindo e destruindo; escalando os picos mais altos e descendo nas águas mais profundas; o avião a jato atravessando os ares a uma grande altura e velocidade; dando à luz e matando; os esforços e as conspirações. Exteriormente, alcançamos grandes feitos, poluindo e preservando. Internamente, estamos sempre ocupados com nós mesmos, nossos problemas, medos e sofrimentos, seja lutando ou dirigindo, sempre em conflito, sem nem um momento sequer no qual o cérebro e os sentidos estejam aquietados. Essa ocupação perpétua até a morte é um desperdício de energia. Ocupação, seja com Deus ou com a cozinha, seja ela nobre ou desprezível, é a mesma coisa; o cérebro estar ocupado com a própria existência é um desperdício de energia.

O vazio é energia suprema. A vacuidade é incomensurável; o vazio é espaço. Temos medo de não ser nada, de sermos libertos, livres de qualquer ocupação. Estar psicologicamente preocupado, ocupado com os meios de sobrevivência, a especialização interior, a dimensão interior de disciplina, a realização interna, é um desperdício de energia. Pode-se ouvir ou ler sobre tudo isso e se esforçar para não se ocupar com isso, mas esse esforço também é um desperdício de energia. Quando há percepção, não parcial, só então manifesta-se aquela vasta energia proveniente do vazio.

Para a maioria de nós, ser algo ou nos tornar alguém de destaque é muito importante. É tão inerente a nós, e a própria ideia de não ser ninguém é horrível. Tudo o que fizemos, fisicamente ou não, foi no sentido de nos identificarmos.

Todos os grandes templos e catedrais foram construídos por pessoas que não deixaram seus nomes para a posteridade. Talvez seja uma mania moderna de buscar uma identificação; isto é, ser de determinado modo ou tornar-se alguém idealizado. Mesmo após a morte, a continuidade do eu é de uma importância reconfortante. O eu precisa de identificação; esse fragmento tem uma importância; ele acha que consegue estabelecer uma continuidade infinita. O ego é uma estrutura verbal de memórias, prazeres e sofrimento. As lembranças, expectativas e esperanças futuras limitam a capacidade do cérebro e, portanto, provocam tristeza. Qualquer conhecimento está sempre à sombra da ignorância. O *insight* sobre a natureza e estrutura do eu é a cessação do sofrimento. Só então há amor, compaixão e inteligência.

Brockwood Park

23 de agosto de 1981

Ele estava trabalhando em um dos carros europeus mais caros. Ele era um mecânico muito bom, treinado na indústria do seu fabricante, bastante competente; e ali havia outros carros caros dos quais ele também estava cuidando. Nós nos conhecíamos fazia muitos anos; quando estava desmontando um motor, ele veio ajudar. Sua capacidade era notável; ele costumava ir para o mar em seu pequeno saveiro e tocava flauta. Até ensinou ele a tocá-la, mas tinha muitas outras atividades por fazer. Sua garagem ficava perto de um *resort* à beira-mar e tinha bastante trabalho. Ela se localizava num vale cercado por montanhas. Sua vegetação de cobertura estava verdejante e havia uma forte chuva. Uma única gota de chuva continha todos os rios, e cada região das suas margens era o seu *playground*, como também as cidades e os pastos verdes; ela está por trás de todas as represas e em todos os lagos e, claro, no mar. Que espetáculo é ver uma terra seca ficar verde quase da noite para o dia depois que as chuvas começam, e surge o primeiro broto verde fresco tão tenro, translúcido, delicado. Toda a grama do mundo está presente numa única folha. O gado ficou mais gordo, e os aldeões estavam sorrindo. Cada folha foi lavada e brilhava na manhã suave. O pequeno riacho se tornou uma torrente, o qual antes estava gotejando e quase morrendo devido ao calor do verão. Essa é a vida desse riacho ano após ano, verão após verão. E assim a vida prossegue.

Por meio do estudo, da disciplina, do treinamento e da aplicação, é possível adquirir uma capacidade, pois isso é feito por intermédio de algum tipo de experiência. Habilidade pode ser a capacidade obtida a partir de um aprendizado, baseada em conhecimento e, portanto, limitada. Um arquiteto desenha a planta para uma casa não apenas a partir do seu conhecimento, mas também de algum tipo de inspiração. Experiência, conhecimento e outros fatores fornecem a capacidade necessária para se tornar um cirurgião ou um mestre carpinteiro. A capacidade se torna quase mecânica quando um elemento mais profundo não entra nela. Ele é intrínseco e tem a própria energia, mas mesmo esse elemento é limitado pela especialização.

"O que você está querendo dizer, senhor? O que você está dizendo é bastante óbvio."

A capacidade deve ser fundamentada na experiência e no conhecimento? É um processo do tempo, recebido? Se for, então ela torna-se mecânica, bastante entediante. Há uma capacidade que não provém do tempo e do conhecimento. A capacidade que o *insight* produz não é a partir da memória, e por isso é uma expressão do todo.

"O que você quer dizer com essa palavra *insight* que você mencionou muitas vezes?"

Além do significado que consta no dicionário, é ter a percepção com todo o seu ser, sem sua memória temporal, num relance, o significado maior, digamos, da capacidade. Isso não pode ser almejado, nem deve haver qualquer motivação. A essência do *insight* é a liberdade;

liberdade de todo pensamento e reação. Tal capacidade nascida do *insight* nunca poderá se tornar mecânica; é sadia e lógica. Nunca é personalista. *Insight* é inteligência, que não é sua ou minha. *Insight* sobre um problema, digamos sofrimento, é o seu fim. A parte pequena ou parcial do cérebro que usamos cria problemas, e esse mesmo cérebro parcial é condicionado a resolver problemas, e assim eles se multiplicam. *Insight* é a atividade do cérebro como um todo.

"Estou acompanhando mais ou menos, mas como todo o cérebro pode ser despertado?"

Primeiro, não há um *como*, nenhum método ou mesmo algum sistema. Não há nenhuma maneira, não existe um caminho para isso. Você percebeu isso, ou está elaborando sobre isso silenciosa e interiormente? Se você ouvir o que está sendo dito, naturalmente você terá a percepção da verdade disso. É a liberação dessa percepção que liberta o cérebro de seu condicionamento. A percepção clara e sem obstáculos é o *insight*. Ela tem a própria energia e manifesta uma capacidade que não se torna mecânica.

24 de agosto de 1981

Era uma daquelas casas de campo para visitantes de verão, com tudo o que era necessário para uma visita de poucos dias. Era um tanto desconfortável, pequena, com uma cozinha e um banheiro. Ficava bem ao norte, num lugar bastante isolado, e distante das outras. Era tranquilo na floresta, e à noite havia ruídos de pequenos animais, ocasionalmente ouvindo-se um baque quando algum animal grande esfregava ou batia contra a madeira. À noite era bem fresco e felizmente não muito quente no verão; naquela latitude o sol era ameno, com todas aquelas árvores. Nevaria no inverno que se aproximava. Era agradável estar sozinho, longe da agitação e da poluição das cidades, estar sozinho sem falar ou ver ninguém. Vir até aqui era uma grande oportunidade: trem, depois ônibus ou carro, e uma caminhada. Era um lugar lindo nas montanhas e ao longe se avistava os picos cobertos de neve. Havia boas trilhas ali que seguiam ladeando um córrego de bastante fluidez, ou então por entre a densa floresta, e aquele céu azul perfeito estava sempre ali com milhares de estrelas à noite, tão próximas e brilhantes espalhadas por aquele ar puro.

Ele estava lá havia algum tempo quando um dia um grupo de monges em suas vestes cor de açafrão veio correndo montanha abaixo em direção à cabana. Eles estavam ansiosos para conversar, e felizmente alguns deles falavam inglês. Eles disseram que tinham ido ver um homem muito santo e que detinha grande conhecimento. Ele vivia em uma caverna perto de uma pequena aldeia. Demorou alguns dias para chegar lá. Ele estava sozinho, sem nenhum discípulo ao seu redor, e era conhecido por seu conhecimento. No caminho de volta, eles ouviram sobre o ocupante da cabana, e então aqui estavam eles. Eles eram bem jovens, exceto um ou dois. Os mais velhos desejavam ter um diálogo, se fosse possível. Estávamos todos sentados na sombra em uma espessa camada de acículas de pinheiros. Todos tinham cabeças raspadas, eram escrupulosamente educados e bem asseados. O mais velho começou perguntando: "O que é estar sozinho e o que é o conhecimento? Podem os dois existir juntos?".

Nunca se pode estar sozinho e ao mesmo tempo estar cheio de conhecimento; eles se contradizem, não é assim?

"O homem que fomos ver é um eremita, e queríamos aprender com ele o conhecimento que ele adquiriu através de muitos anos de meditação. Antes de se retirar do mundo, ele era um grande erudito, respeitado e já era considerado um santo."

O conhecimento pode ser transmitido verbalmente ou pela palavra escrita. A própria palavra indica aquilo que é conhecido, o que pode ser aprendido. Ser versado nos livros sagrados, eruditos como são chamados, é conhecimento de certo tipo; o conhecimento de matemática, física, e assim por diante, é outro. Existem muitas categorias diferentes de conhecimento. Será que o conhecimento que vocês foram aprender é sagrado, algo secreto?

"Há aqueles que sabem e aqueles que são ignorantes. Nós não sabemos, então buscamos."

Mas o que é que você não sabe, senhor?

"O conhecimento do supremo, aquilo que é."

O que você quer dizer com a palavra *saber*? O carpinteiro sabe como fazer uma mesa; ele sabe porque observou, estudou a natureza da madeira; ele é habilidoso com as mãos. Por causa da sua experiência, ele sabe como fazer uma cadeira ou mesa. Mas, e então, você pode saber o que é supremo?

"Sim. Podemos aprender com outro que experienciou o supremo."

Você está dizendo, senhor, que o que é supremo pode ser colocado em palavras? A palavra nunca é o real; a palavra é um símbolo. A palavra *céu* não é o céu em realidade. As palavras se tornaram muito importantes para nós; quase vivemos delas.

"Mas seguimos o caminho do conhecimento. Para nós, o conhecimento do princípio mais alto, *Brahma*, é a nossa busca; conhecer isso é a resposta para todos os nossos problemas humanos."

Não é possível experimentar isso ou conhecer isso. Quem é o experimentador, aquele que testemunha isso? Ele não é o passado, as memórias que se acumularam? O conhecimento pertence ao tempo, ao passado. Com um cérebro moldado e condicionado pelas acumulações de milhares de dias, você está tentando compreender algo que é atemporal.

"Eu vejo o que você está expondo, mas o conhecimento, do universo e de si mesmo, tem sido o objetivo mais elevado do homem. A ciência é o investimento da matéria nesse processo; ela reuniu um formidável conhecimento, tanto para o bem quanto para o mal."

O conhecimento é necessário em determinado nível, e em outro ele se torna destrutivo. Este tem sido o caminho de todas as civilizações e culturas. Aqueles verdadeiramente religiosos devem transcender esse padrão tradicional, bem estabelecido e respeitável. Os verdadeiramente religiosos são os alicerces de uma nova cultura, uma nova sociedade, não os políticos, não aqueles que pertencem a organizações tradicionais estabelecidas, chamadas religiões, não os cientistas, não os gurus.

Ficamos todos em silêncio por um tempo. Um bule-bule, um pássaro preto com um tufo na cabeça, que estava se tornando amistoso, voou, pousou no parapeito da janela e se juntou a nós naquele silêncio.

"Que tipo de meditação você pratica?"

Nenhum sistema de meditação.

"Por quê?"

Seguir qualquer método ou sistema não apenas torna o cérebro embotado, mas também o torna mecânico. A própria palavra *prática* nega a meditação. Meditação não é uma reunião de conhecimento, mas o findar de todo conhecimento. O eu superior ou inferior, a consciência superior ou inferior, é a fonte e o repositório do conhecimento.

"Gostaríamos de apontar que a meditação é necessária para a autodisciplina. Por meio da meditação, trazemos ordem em nossas vidas para controlar nossos desejos e emoções."

Certamente é o contrário. Primeiro você coloca sua casa em ordem e só depois, talvez, a meditação. Se não houver ordem primeiro, a meditação pode ser uma autoilusão ou uma forma de auto-hipnose, a busca de alguma ilusão almejada. Coloque ordem em suas relações com todos os seres vivos, e só então poderá ocorrer o despertar da beleza da meditação.

Aquele pássaro ainda permanecia no parapeito da janela.

26 de agosto de 1981

A casa situada no norte, entre as grandes montanhas, era reservada apenas para algumas pessoas do alto escalão do exército. Por algum engano ou outro motivo, ela foi colocada à nossa disposição. Você chegou até ela, cansado e sujo, após uma jornada tediosa e longa. Ela apresentava um ambiente agradável com bastante verde, mas a casa em si era bastante rústica e não muito confortável. O atendente local não estava muito limpo. A primeira coisa foi então cuidar de seu asseio, dar-lhe roupas novas e ver se ele estava bem. O tempo estava perfeito, mas havia no ar uma sensação de chuva. Você subiu até a colina, passou por entre árvores grandes, com suas profundas sombras profundas, contornou a curva até um espaço estreito e plano. Lá estavam elas, aquelas montanhas incríveis, várias cadeias, por quilômetros, num profundo silêncio com o sol da manhã sobre elas. A grandeza e a beleza imorredouras delas afastaram todo o pensamento. Você era a terra, os céus e aquela majestade.

Alguns dias depois, um homem veio anunciar que em uma aldeia próxima um tigre havia matado uma vaca. Você pouca atenção deu a ele, pois estava ocupado com os próprios pensamentos e com os encantos estranhos para os quais ele o levava. Mas ao anoitecer você disse a si mesmo que gostaria de ver aquele tigre. Então desceu a colina, passando por vilas e entrando na floresta. Era uma floresta selvagem com trepadeiras, arbustos e uma variedade de árvores altas. À medida que você se aprofundava, ela se tornava mais densa; o ar estava fresco, com o cheiro de milhares de coisas. Você observou ao redor, ouvindo os vários ruídos da selva, avançando mais a fundo. E de repente houve um silêncio completo; todas as coisas da terra pareciam prender a respiração. Havia perigo; você também o sentiu. Sua curiosidade disse para ir um pouco mais longe para ver o que havia ali, para ver o animal nessa selva. Mas o corpo se recusou a se mover um centímetro, mesmo a se mover até o tronco daquela árvore que estava tão próxima. Ele não estava assustado, mas de forma alguma poderia ser persuadido a se mover. Ele apenas ficou lá. E, de repente, toda a floresta acordou e todos os pássaros, as coisas da terra começaram seu chamado antes que a noite começasse. Nesse momento você também se voltou, saindo da floresta.

Ao passar por uma pequena clareira, você parou de repente, pois mais uma vez havia uma quietude peculiar, não de medo, mas como se você estivesse sendo observado. Você pensou que um cervo ou outro animal próximo estava silenciosa e cautelosamente ciente de sua presença. Não havia nada vivo ao seu redor, e então você olhou para cima. Nas árvores, ao redor daquela clareira, havia vinte grandes macacos ou mais. Alguns deles tinham seus bebês agarrados a eles, e todos estavam imóveis. Eles olhavam para você com grande curiosidade, de um modo totalmente destemido. Logo desapareceram sem nenhum som, e você foi em direção à sua cabana. Você não viu o tigre, mas viu aqueles lindos macacos. Foi uma visão maravilhosa, aqueles macacos olhando para você.

"Gostaria de lhe fazer várias perguntas, se tiver tempo. A primeira que gostaria de perguntar é: o que é beleza? Não é uma pergunta à toa. Acontece que viajo muito e já estive na maioria dos museus mais importantes do mundo. Os pintores modernos não significam muito para mim. Herdei uma ou duas pinturas dos antigos mestres e vivo com elas. Peguei um dos seus livros em uma livraria antiga e fiquei impressionado com o que ele continha. Então meu interesse não é casual, e aqui estou para perguntar e quem sabe ter um diálogo. O que me levou a vê-lo, de fato, é um assunto bastante curioso, mas isso pode esperar."

Permita-me perguntar, mas por que pergunta o que é a beleza? É uma questão especulativa, ou será que após ver tantas pinturas você está se perguntando isso para sentir, explorar a profundidade e a essência desse sentimento, passageiro ou permanente? Você deve ter passado muito tempo nesses museus; leva muito tempo para cultivar a capacidade de apreciar uma bela pintura?

"Essa é uma boa pergunta. Meu pai era uma espécie de artista. Ele era um amador, e costumava me levar a galerias de arte e a certas exposições. No começo eu estava um tanto entediado, mas gradualmente meu pai começou a me educar e meu interesse cresceu, e de alguma forma a paixão surgiu. Sim, foi uma questão de educação e tempo."

Então você acha que o tempo é necessário. É isso? Quando você olha para aquele amplo gramado verde, com aquele único cedro, leva algum tempo para ver aquela maravilha? Ou a beleza de uma rosa? Você responde a isso de imediato se for minimamente sensível. Ao passo que você precisa ser educado para apreciar a profundidade e a cor, ou como aquele conjunto está disposto. Na pintura religiosa, apenas as imagens importavam, e a natureza era negligenciada, isso até recentemente. A resposta às sombras naquele gramado verde brilhante é imediata, e os museus se utilizam do tempo. Por quê? O amor pela beleza precisa ser educado em alguma escola? A beleza é comparativa, um mestre em comparação a outro? A beleza pode se tornar pessoal? Então ela se torna um gosto requintado. A beleza nunca é algo pessoal; como a inteligência, ela não pertence a nenhum artista, poeta ou carpinteiro.

"Você está dizendo, senhor, que a relação com a natureza é consideravelmente diferente daquela que se dá com a pintura, a poesia e a arquitetura? Você está afirmando que ver a beleza das coisas feitas pelo homem requer educação, e ver a da natureza é uma resposta imediata?"

Não estamos nos afastando cada vez mais da natureza? Não estamos perdendo nossa relação direta com ela? A literatura, as pinturas, a televisão não se tornaram cada vez mais necessárias? O símbolo tendo um significado muito maior do que a realidade, não é? A beleza de uma imagem e a de uma árvore são semelhantes quando você não tem uma relação com a natureza. A fuga da realidade vem nos tornando cada vez mais superficiais, sonhadores, românticos.

"Podemos sentar e admirar uma imagem em um museu ou em nossa casa; somos moradores da cidade e, portanto, os museus assumiram uma importância bem maior. Somos tão condicionados pelo nosso próprio ambiente que perdemos a beleza do todo. Vamos voltar à minha pergunta original: o que é beleza, o sentimento dela, o estado da mente que a percebe? É a euforia e o estímulo que vêm com isso?"

Quando você vê a majestade de uma grande montanha, qual é o estado do observador? Ele não está absorvido por ela? Por um instante, ele se esqueceu de si mesmo, de seus problemas, preocupações, ansiedades. Ele está completamente absorto diante da sua imensidão. Uma criança absorvida por um brinquedo, desde que o brinquedo não esteja quebrado, deixa de ficar irrequieta; ela está em silêncio, ausente de seu entorno. Será que é porque por um período seu eu barulhento esteve ausente? Será que a grandeza de algo afasta o eu? A beleza é a ausência do eu? A complexidade e as implicações disso são bastante óbvias. Agora a questão é: pode o eu, não absorvido por algo externo como música ou por alguma outra distração interna, pode esse centro, dentro do próprio círculo estreito, findar-se?

"Seria preciso eliminá-lo por meio da meditação, por meio do controle ou da disciplina?"

Ele nunca pode terminar por meio de alguma atitude, por meio de qualquer ação. Não existem meios para o seu fim. O fim do eu é sua realidade. Quando o eu está, a beleza não se presencia. Ter essa compreensão, ter um *insight* sobre essa verdade é o fim do eu. Beleza é amor, e amor é beleza.

27 de agosto de 1981

Havia uma procissão ao longo de uma estrada muito estreita, ao largo de uma pequena cidade nas montanhas rochosas, que davam vista para aquele azul do Mediterrâneo. Cactos de várias espécies cresciam ali. Os antigos gregos escolheram o lugar e lá construíram seu pequeno e adorável teatro, que foi arruinado pelos romanos; eles que se interessaram pela grandeza e quase destruíram sua beleza. Ele tinha vista para a baía e para o vulcão Etna, sempre fumegante. Como era linda a manhã – o céu azul-claro e imaculado e o mar azul parado. O Etna havia entrado em erupção alguns dias atrás, com grandes labaredas de fogo e lava, mas hoje estava tranquilo e coberto de neve. Era um lugar encantador, mas agora estava sendo arruinado pelos turistas, com um hotel enorme e todo o resto.

A procissão religiosa foi longa. Havia a banda local a alguma distância, o coral, e então os padres, com seu incenso e seus cânticos. Depois vieram as imagens carregadas pelos dignatários locais, todos vestidos de preto, seguidos pelas pessoas do pequeno vilarejo, rindo e conversando, e pelos meninos e meninas, gritando e correndo por todo o lugar. Havia cachorros também. Era uma procissão alegre, cheia de barulho e diversão, todos com suas melhores roupas. O mar ainda era azul e silencioso, e o Etna ainda estava fumegando.

Havia outra procissão, carregando uma imagem altamente decorada com uma coroa, coberta com lenços multicoloridos. Sua música era produzida por gaitas de fole e tambores. Alguns estavam dançando; meninos faziam acrobacias; alguns dobravam as mãos e outros saudavam respeitosamente a imagem. A procissão não era muito bem organizada; parava para se retomar algum tipo de ordem. Havia muitos gritos para mantê-la na linha ou dar ordens para um ou outro. Era uma procissão religiosa, mas muito barulhenta. A longa avenida de árvores observava aquele cortejo e ficou contente ao vê-lo indo em direção ao mar agitado. Muito raramente aquele mar estava quieto; era agitado, com ondas altas impulsionadas pelos fortes ventos. O pequeno bosque, longe da brisa forte, estava quieto. Havia ali aquela bênção do anoitecer.

Ele parecia ser um homem culto, inteligente e de olhos brilhantes. "Gostaria de ter uma boa conversa com você sobre religião e as religiões contemporâneas do mundo. Considero-me um homem religioso, pelo menos do ponto de vista convencional. Estudei muito a literatura religiosa, algumas muito superficiais, algumas altamente intelectuais, e outras místicas. Então, o que é religião, uma vida religiosa? Gostaria de acrescentar que não pertenço a nenhuma seita ou a nenhuma religião tradicional estabelecida."

Se me permite perguntar, sua preocupação nessa discussão é intelectual, meramente para reunir mais informações, por alguma curiosidade?

"Estou insatisfeito com minha vida do jeito que vivo, e sempre me interessei por uma vida religiosa. Num dado momento, quase me tornei monge, mas descobri que era uma fuga. Sou sério em minha investigação. Eu não desperdiçaria seu tempo, se não fosse."

Vamos então deixar de lado as crenças, a fé, os dogmas, os rituais, as orações e todos esses tipos de atividades. É preciso estar completamente livre deles para ter uma percepção clara e objetiva; a percepção subjetiva é em geral bastante enganosa. Qualquer conceito, por mais racional, objetivo ou baseado na experiência que seja, é verbal e deve-se desconfiar dele. Toda forma de experiência é subjetivamente condicionada e, portanto, limitada e pessoal. O ideal é uma projeção do pensamento, distante daquilo *que é*.

"Senhor, então você está colocando de lado, para ser mais sensato e racional, todas as teorias, especulações e interpretações? E, obviamente, todos os símbolos."

Interpretações são símbolos, não são? Deve haver liberdade completa para poder investigar, a liberdade de todo condicionamento, livre de qualquer programação. A liberdade não está no final de um extenuante e grande esforço e disciplina, mas sim no primeiro passo de toda investigação séria.

"Não é pedir muito?"

Caso contrário, o condicionamento se perpetua, e o passado bloqueia qualquer investigação. Você estava perguntando sobre o que é religião, não é isso? O significado etimológico de *religião* não é claro, mas sabemos mais ou menos o conceito dessa palavra: levar uma vida moral, ser livre de violência, não matar e assim por diante. Mas também é muito mais do que tudo isso. Buscar o que é mais sagrado, o inominável, o eterno – a mente religiosa está diligentemente preocupada com isso. Se ambos, mesmo intelectualmente, concordarmos com isso, não de modo superficial, então podemos prosseguir com a questão. Religião não é crença, dogmas, rituais ou mesmo orações. Não é se render a algum princípio, conceito ou símbolo, e, claro, nem a nenhum ser humano. Isso é fundamental.

"Você claramente com isso destruiu o próprio fundamento de todas as religiões e seitas. Mas que papel a vontade desempenha na busca pelo eterno?"

Ele não tem lugar numa vida religiosa. A vontade é a quintessência do desejo. O movimento do desejo deve ser compreendido, e não suprimido ou controlado, pois o controlador é o próprio desejo. O controlador é o controlado. A compreensão do desejo é simples e, ao mesmo tempo, bastante complexa. Os objetos do desejo variam constantemente de acordo com a idade e as circunstâncias. Desejo e descontentamento sempre andam juntos com o conflito. O desejo por paz, por iluminação ou por dinheiro é constante; mas ainda é desejo, seja qual for o nome que queira dar. O desejo é um fluxo, um movimento de sensação fortalecido pelo pensamento mediante uma imagem. Aprender sobre a natureza do desejo o coloca no seu lugar e promove ordem, sem supressão ou fuga. Isso é muito importante para compreender o que é uma vida religiosa, para ter uma visão sobre ela. A liberdade do apego é necessária para aprender sobre a profundidade e a beleza de uma vida religiosa. O apego corrompe. Estar preso a qualquer atividade do pensamento deve inevitavelmente levar ao sofrimento.

"Eu dependo do meu conhecimento; meu cérebro está ocupado com isso. Eu li tanto, aprofundei tanto. O conhecimento se tornou muito importante para mim. Devo deixar isso ir também?"

O eu, o ego, é o repositório de conhecimento. Conhecimento é tristeza; é conflito e sofrimento. Conhecimento é tempo. O conhecimento dá à luz ao pensamento. E ele é sempre limitado. Assim, o conhecimento está sempre sob a sombra da ignorância.

"Você não está fazendo com que uma vida religiosa seja extremamente difícil?"

Explicações soam, e de fato o são, difíceis, mas é necessário ir além da palavra e da explicação, pois de outra forma permaneceremos num nível muito superficial. Levar uma vida religiosa exige inteligência, não a inteligência aguçada e calculista do pensamento.

"O que você quer dizer com essa palavra *inteligência*?"

A palavra nunca é o real. Inteligência nasce do amor e da compaixão. Elas não são três atividades separadas, mas um único movimento. Essa verdade é percebida apenas quando o eu não está. O eu se esconde atrás de palavras como justiça, trabalho social, poder, crença, fé e oração. Aprender sobre a natureza e estrutura do ego, esse egoísmo profundamente enraizado, é parte da vida religiosa. Onde o eu está, a beleza, a verdade não está.

28 de agosto de 1981

Havia espaço e silêncio naquele grande campo – nenhum gado, nenhuma ovelha, nenhum ser humano, mas apenas uma única árvore grande. Nem mesmo os pássaros estavam lá; era distante de outras árvores, um local muito aberto, muito perigoso. Havia toupeiras se abrigando na terra. Um caminho ao lado do campo estava coberto de grama e flores silvestres, ele era pouco usado e quase esquecido. Naquele imenso campo, a árvore solitária parecia ter uma grande importância, não como um símbolo, mas como uma realidade viva. Um símbolo pode representar qualquer coisa que se deseje. Um pedaço de rocha pode representar o universo inteiro, mas não é o universo. Vivemos por palavras e símbolos, mas aquela única árvore é da terra, da escuridão e da luz. Especialmente quando por acaso você se senta sob ela, respirando o mesmo ar, sentindo a mesma terra, olhando para o mesmo céu.

A árvore tinha um tronco muito grande, escuro e antigo. Estava cheio de folhas e projetava uma ampla sombra. Havia uma leve brisa, e cada folha estava acordada e dançando sob a clara luz do sol. Não era aquela dança artificial dos homens do Oriente ou do Ocidente, mas uma dança de luz; não era sensual, mas havia graça diante dela. Alguns corvos perturbavam o silêncio, mas, como a árvore não era seu lar, depois de muito grasnar eles partiram. Com o anoitecer, havia mais silêncio e paz, que pareciam descer sobre a terra.

As ruas estavam lotadas, barulhentas, sujas, com o cheiro de milhares de pessoas. Os carros e os ônibus tinham que diminuir sua velocidade. As lojas estavam lotadas de coisas, uma após a outra. A brisa do mar parecia estar contaminada também; carregava o cheiro de toda a cidade, e as árvores pareciam definhar sob o sol quente. Teria sido adorável estar no campo pela manhã, mas aqui tornava-se quase insuportável. Não é de se admirar que haja violência nessas cidades superlotadas, pessoas vivendo sem árvores e campos abertos. Mas mesmo no campo também há violência. O homem, onde quer que viva, tornou-se um inimigo de si mesmo e de tudo ao seu redor.

Vamos deixar o campo e as cidades e considerar como cada um de nós está lotado de memórias, mágoas e o conhecimento de milhares de anos. Estamos, ao que parece, eternamente ocupados com uma coisa ou outra, seja ela interna ou externa. Alguns com deus, orações e outras teorias; outros com os assuntos da cozinha, negócios sobre como ganhar dinheiro, com sexo, com o bem-estar dos animais; outros ainda com política e meditação, com pesquisa, em ter uma vida tranquila, com o sofrimento ou mesmo com a aquisição de coisas e de conhecimento. Por que é que quase nunca estamos quietos conosco, para nos observar sem qualquer reação costumeira? Por que não observamos nossos pensamentos, as experiências, agradáveis e desagradáveis, que armazenamos? Por que seguimos o curso mais fácil e reconfortante da vida? Por que estamos tão preocupados conosco? Por que somos tão terrivelmente egoístas? Essa ocupação egoísta está nos destruindo.

Leia também

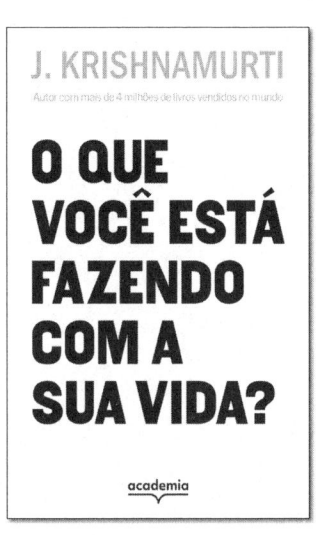

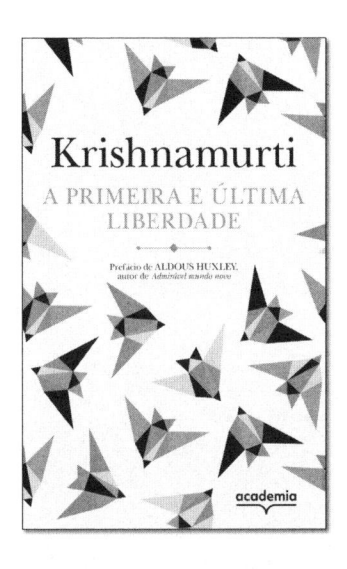

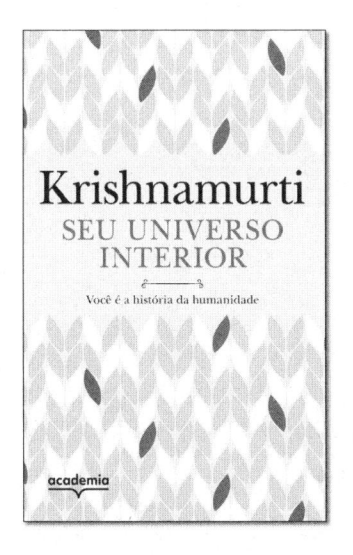

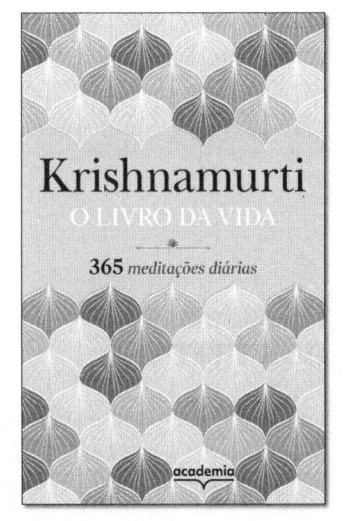

J. KRISHNAMURTI
Autor com mais de 4 milhões de livros vendidos no mundo

O QUE VOCÊ ESTÁ FAZENDO COM A SUA VIDA?

academia

Krishnamurti
A PRIMEIRA E ÚLTIMA LIBERDADE

Prefácio de ALDOUS HUXLEY, autor de *Admirável mundo novo*

academia

Krishnamurti
SEU UNIVERSO INTERIOR

Você é a história da humanidade

academia

Krishnamurti
O LIVRO DA VIDA

365 *meditações diárias*

academia

**Acreditamos
nos livros**

Este livro foi composto em Kepler STD e impresso pela Lis Gráfica para a Editora Planeta do Brasil em maio de 2025.